Daniel Wilk

Ein Käfer schaukelt auf einem Blatt

Entspannungs- und Wohlfühlgeschichten für Kinder jeden Alters

W0172421

Zweite Auflage, 2007

Über alle Rechte der deutschen Ausgabe verfügt Carl-Auer-Systeme
Verlag und Verlagsbuchhandlung GmbH Heidelberg
Fotomechanische Wiedergabe nur mit Genehmigung des Verlages
Satz u. Grafik: Drißner-Design u. DTP, Meßstetten
Umschlaggestaltung: Goebel/Riemer
Umschlagfoto: Matthias Lauterbach
Printed in the Netherlands
Druck und Bindung: Koninklijke Wöhrmann, Zutphen

Zweite Auflage 2007
ISBN 978-3-89670-516-7
© 2006, 2007 Carl-Auer-Systeme, Heidelberg

Bibliografische Information der Deutschen Nationalbibliothek
Die Deutsche Nationalbibliothek verzeichnet diese Publikation in der
Deutschen Nationalbibliografie; detaillierte bibliografische Daten sind im
Internet über http://dnb.d-nb.de abrufbar.

Informationen zu unserem gesamten Programm, unseren Autoren
und zum Verlag finden Sie unter: www.carl-auer.de.

Wenn Sie unseren Newsletter zu aktuellen Neuerscheinungen
und anderen Neuigkeiten abonnieren möchten, schicken Sie
einfach eine leere E-Mail an: carl-auer-info-on@carl-auer.de.

Carl-Auer Verlag
Häusserstraße 14
69115 Heidelberg
Tel. 0 62 21-64 38 0
Fax 0 62 21-64 38 22
E-Mail: info@carl-auer.de

Inhalt

Einleitung

Kinder geben ihren inneren Bildern und ihren Gefühlen noch viel mehr Raum, als Erwachsene. Sie sind spielerisch mit ihrem Alltag verbunden und träumen auch in ihren Wachphasen noch häufiger als Erwachsene. Die Geschichten in diesem Buch unterstützen Tagträume, in denen wir unbewusst unseren Kontakt mit unserer Welt und unsere Gesundheit organisieren und harmonisieren.

Weil zu viele Abstraktionen Kinder langweilen würden und dadurch Ungeduld und Unruhe entstehen könnten, sind die Formulierungen darauf ausgerichtet, positiv wirkende Bilder und Gefühle hervorzurufen, ohne den Verstand wesentlich einzubeziehen.

Je nach Alter der Kinder sind die Geschichten verschieden gut geeignet, um die erwünschte Wirkung hervorzurufen. Je jünger das Kind ist, desto kürzer und einfacher sollte der gewählte Text sein. Je älter das Kind ist, desto stärker strukturiert der Verstand die Wahrnehmung. Dem tragen die längeren Geschichten Rechnung, indem in ihnen der Verstand abgelenkt wird. Letztlich kann aber nur durch das Vorlesen festgestellt werden, wie sehr das Kind von einem Text angesprochen wird.

Jeder Text kann verändert werden, beispielsweise um ihn an Alter und Verständnis des Kindes anzupassen. Eine Geschichte zu kürzen kann nicht nur sinnvoll sein, um sie an das Alter anzupassen, sondern auch, wenn wenig Zeit zur Verfügung steht oder wenn das Kind sehr unruhig ist.

Die meisten Geschichten in diesem Buch sind ursprünglich für Erwachsene entwickelt worden. Um diese Texte auch für Kinder interessant und wirksam werden zu lassen, wurden die abstrakten Inhalte größtenteils entfernt. Formulierungen, die Erwachsenen helfen, übermäßige Kontrolle loszulassen, um sich entspannen zu können und um neue Ideen zuzulassen, sind bei Kindern noch nicht und bei Jugendlichen noch nicht im gleichen Ausmaß wie bei Erwachsenen nötig.

Die ersten Geschichten sind sehr einfach aufgebaut und deshalb eher für jüngere Kinder (ab drei Jahren) geeignet. Aber auch in diesem Alter sind Kinder in unterschiedlichem Maße fähig, sich aus längeren Geschichten Bilder zu extrahieren und aus ihnen Fantasien zu entwickeln. Bei Texten, die deshalb länger sind, weil sie Kontrollversuche des Verstandes ablenken oder »beruhigen« sollen, werden unruhige Kinder möglicherweise zu körperlichen Aktivitäten übergehen, weil sie sich langweilen, während Jugendliche, deren Verstand schon wesentlich stärker ihre Wahrnehmung strukturiert, einen umgekehrten Effekt erleben: Die Kontrolle wird lockerer, die Fantasie kann sich auf die Bilder einlassen. Kinder können körperlich unruhig sein und trotzdem den Geschichten folgen. Möglicherweise sind die Bewegungen, die Kinder während der Entspannung zeigen, Ausdruck ihrer »inneren Bewegung«, also der Geschichte, die ihre Fantasie ihnen präsentiert.

Der Aufbau der Texte orientiert sich stark an Vorgehensweisen, die von Milton H. Erickson entwickelt wurden (siehe Literaturangaben am Ende des Buches). In seiner Arbeit legte er viel Wert darauf, den individuell richtigen Weg zu Menschen zu finden, um es ihnen zu ermöglichen, auf ihre jeweils eigene Art zu entspannen und Lösungen für ihre Probleme zu finden. Deshalb versucht jede Geschichte, zunächst die Gegenwart anzunehmen, wobei auch Unruhe und Kontrolle erlaubt werden. Danach führen Vorstellungen in die Entspannung und fördern konstruktive Gefühle und Gedanken zu sich selbst und zur Umwelt.

Kinder erholen sich durch Träume – und wachsen dabei

Kinder neigen unterschiedlich häufig zu Tagträumen. Viele Eltern und Lehrer haben etwas dagegen, weil sie ein Kind, das einfach nur vor sich hinstarrt, als unproduktiv empfinden. Sie unterbrechen deshalb diese Zustände gerne und behaften Tagträume mit dem Makel der Faulheit.

Tatsächlich entspannen sich die Kinder meist, wenn sie vor sich hinstarren und für ihre Umgebung wenig aufmerksam zu sein scheinen – oder es tatsächlich auch sind. In manchen solchen Zuständen ist die Wahrnehmung der Umwelt umfassender und klarer, als wenn die Aufmerksamkeit auf eine Aufgabe konzentriert ist. Solange das Kind nicht in einer ängstigenden Vorstellung gefangen ist, kann davon ausgegangen werden, dass es sich dabei erholt und/oder kreativ tätig ist. Oft ist ein Tagtraum eine wichtige Pause im (zu) anstrengenden Alltag und fördert die psychische und körperliche Integration und Gesundheit.

Die Geschichten in diesem Buch führen solche Zustände gezielt herbei. Außerdem wird die Aufmerksamkeit auf Vorstellungen gelenkt, die entspannen und das Kind in seiner gesunden Entwicklung fördern.

Kinder brauchen Zuwendung

Mindestens bis zur Pubertät sind Kinder sehr stark davon abhängig, wie Erwachsene mit ihnen umgehen. Sie brauchen liebevolle Beziehungen, um die innere Sicherheit zu bekommen, dass sie wertvoll sind. Das fördert ganz entscheidend den gesunden Umgang mit sich selbst und mit anderen Menschen.

Das Vorlesen von Geschichten ist eine wichtige Form der Zuwendung. Dem Kind wird dabei Aufmerksamkeit und Zeit gewidmet, und es erfährt, dass es dem Erwachsenen wichtig ist.

Indem Sie nach dem Vorlesen den Schilderungen über die Erlebnisse und Gefühle aufmerksam zuhören, bekommen Sie (seltene) Einblicke in die Welt des Kindes. Sie vermitteln ihm dadurch, dass es mit seinen Gefühlen nicht alleine ist. Ängste werden dabei reduziert, und kreative Ressourcen werden aktiviert. Indem das Kind sich Ihnen öffnet, achtet es aufmerksam auf Ihre Reaktionen, um daraus zu lernen, wie es mit der Welt umgehen muss.

Die Inhalte der Geschichten

Durch die Entspannung erholt sich nicht nur der Körper. Wenn das Kind nicht so müde ist, dass es gleich einschläft, öffnet sich seine Wahrnehmung für die Bereiche, die angesprochen werden. Das Kind kann in der Entspannung durch adäquate Formulierungen dazu angeregt werden, die eigenen Ressourcen im Umgang mit der belebten und unbelebten Welt zu erschließen und zu nutzen:

- Für jeden Menschen ist es wichtig, **sich selbst anzunehmen, die eigenen Gefühle zu spüren und zu akzeptieren.** Die Bezugspersonen und auch die Medien (also fast alle Quellen, durch die ein Kind Informationen über sich selbst, die Welt und den Umgang mit beidem bekommt) lenken die Aufmerksamkeit kaum auf die Selbstwahrnehmung. Das Kind verlernt dadurch, auf sich selbst zu achten. Die Texte sollen helfen, dass es sich selbst besser wahrnimmt und akzeptiert.

- Indem das Kind lernt, sich selbst und seine Umgebung wahrzunehmen, **öffnet es sich für lebendige Beziehungen mit der Welt** die seine eigene Entwicklung fördern.
- Die Gesundheit des **eigenen Körpers** ist die Grundlage für unsere Existenz. Er sollte deshalb sehr **sorgfältig behandelt werden**. Das Bewusstsein für diese simple Tatsache zu erweitern heißt, die beste Grundlage für einen achtsamen (und damit gesunden) Umgang mit sich selbst zu schaffen.
- Das **Kind** soll wissen, dass es genauso **wertvoll** ist wie jeder andere Mensch auf der Welt. Indem es sein intuitives Wissen nutzt und in der Entspannung sich selbst als wahrnehmendes Wesen begreift, bekommt es mehr Gefühl für den eigenen Wert: Es kann Einfluss darauf nehmen, wie viel Zeit und Aufmerksamkeit es der Welt, den Menschen und sich selbst widmet.
- Es wird dazu angeregt, die eigenen **Grenzen** und die der anderen Menschen zu **respektieren** und zu **schützen**. Indem eigene Grenzen wahrgenommen und akzeptiert werden, wird ein guter Schutz vor Überforderung geschaffen, wodurch viele aus der Überlastung resultierende Krankheiten in der Zukunft vermieden werden.
- Im Laufe der Sozialisation werden viele Begabungen nie gefördert oder sogar unterdrückt. Die Geschichten helfen, **Potenziale zuzulassen**, und ermutigen, sie **zu entwickeln**.
- Durch die Wahl der Worte (»vielleicht«, »kann«) wird ermutigt, das Vorgelesene mit dem eigenen inneren Wissen zu vergleichen. Das fördert **Selbstständigkeit** im Wahrnehmen und Denken – als Grundlage für das Verhalten.

Der Aufbau der Geschichten

Die von mir »Geschichten« genannten Texte sind streng genommen eigentlich gar keine Geschichten, weil sie über nichts bereits Geschehenes berichten. Sie regen aber in dem Moment, in dem sie gehört werden, ein individuelles, vielfältiges Geschehen an. Sie sind in diesem Sinne also lebendige, immer neu entstehende Geschichten.

Von den zur Entspannung und zum Einschlafen oft verwendeten »Fantasiereisen« unterscheiden sie sich durch die Wortwahl und den Aufbau. Sie haben alle das Ziel, eine Entspannung einzuleiten und aufrechtzuerhalten, in der ein gesunder, respektvoller Umgang mit dem eigenen Selbst angeregt wird. Die Entspannung ist also in den meisten Texten nicht das einzige Ziel, sondern ein erster Schritt zu einem tiefer liegenden, systemischen Ziel der Harmonisierung all dessen, was wir sind. Potenzielle Störungen werden – soweit sie vorausschauend in einem Buch erfasst werden können – angenommen und integriert. Sie verlieren dadurch weitgehend ihre störende Natur. Alle einzelnen Worte sowie die Inhalte, die durch die Zusammenstellung der Worte entstehen (können), sollen Entspannung und konstruktive Gefühle fördern. Das ist natürlich nicht vollständig möglich. Es ist eine angestrebte Tendenz, in deren Sinn Sie als VorleserIn auch Worte abwandeln können.

Alle Geschichten haben eine ähnliche Struktur:

- Sie erfassen die Gegenwart über die Wahrnehmung des Augenblicks, der möglichst so angenommen wird, wie er bewusst erlebt wird: Das Hören als permanenter Bestandteil der Gegenwart wird angesprochen, von dort wird die Aufmerksamkeit zum Fühlen der (angenehmen) Schwere und Wärme des Körpers und zum Loslassen des Atems geleitet.
- Dadurch wird eine Entspannung angeregt und im weiteren Verlauf vertieft.
- Es folgen Schilderungen, die das Bewusstsein des Kindes in entspannender Form beschäftigen und sein Unbewusstes anregen, für die psychische und körperliche Gesundheit zu sorgen. Um negativen Einstellungen (»Das kann ich nicht«, »Dazu bin ich zu blöd/zu klein« usw.) den Einfluss zu nehmen, werden die Anregungen oft in Bildern oder Handlungen dargeboten, die nicht bewusst auf sich selbst bezogen werden, unbewusst aber für die eigene Relevanz überprüft und verwendet werden.
- Außerdem wird dazu angeregt, Bekanntes aus anderen Perspektiven zu betrachten, um neue Entwicklungen zu fördern, der Schwarz-Weiß-Malerei vieler Erwachsener die Kraft zu nehmen und Problemlösungen zu erleichtern.
- Am Ende soll das Kind sich wieder in den aktiven und wachen Umgang mit dem Augenblick zurückorientieren.

Wirkungen der Geschichten

Der aufmerksame und fürsorgliche Umgang mit den Kindern lässt Vertrauen entstehen und wachsen. Aber manche Kinder haben schlechte Erfahrungen mit Stille gemacht. Deshalb können sie anfangs Angst davor haben, ihre Augen zu schließen. Sie dürfen die Augen natürlich geöffnet lassen, sie sollten allerdings nicht umherschauen, sondern auf einen Punkt blicken, um sich nicht abzulenken. Meist schließen sie ihre Augen, sobald sie **ausreichend Vertrauen gewonnen** haben.

Klarheit und Wissen reduzieren Ängste, weshalb ein **langsames Heranführen** und ein Beobachten der Reaktionen sinnvoll sind: Ein sehr ängstliches Kind kann sich zunächst bequem hinsetzen oder hinlegen und mit offenen Augen die Geräusche, die es umgeben, wahrnehmen. Währenddessen oder danach kann es sie schildern – das Kind muss weder alles gehört haben, noch alles Gehörte nennen. Der nächste Schritt in die Ruhe könnte die Körperwahrnehmung sein: Wo spürt das Kind seinen Körper in welcher Weise, wo ist er warm, wie fühlt sich der Atem an und wie das Herz? Dann kann das Gleiche bei geschlossenen Augen getan werden – immer mit Geduld und liebevoll, manche Schritte vielleicht sogar mehrmals hintereinander.

Sobald Sie den Eindruck haben, dass das Kind einige Minuten entspannt zuhören kann, können Sie sich die kürzeste Geschichte aussuchen, die es dem Kind erlaubt, weitgehend im Augenblick orientiert zu bleiben, die also wenig in die Fantasie führt, und sie ganz oder teilweise vorlesen.

Lassen Sie dem Kind und sich selbst auf jeden Fall Zeit, es lohnt sich. Möglicherweise stellen Sie dabei fest, dass ein fürsorglicher Umgang mit dem Kind auch dem Kind in Ihnen gut tut.

Die Entspannung, die durch das Vorlesen der Geschichten erreicht wird, ist ähnlich tief, wie sie nach langer Praxis mit Entspannungsmethoden wie Autogenem Training, Meditation oder Progressiver Relaxation erreicht wird. Die Geschichten wirken ähnlich **entlastend in Bezug auf alle Störungen, die durch Überforderung (»Stress«) eintreten** (beispielsweise Ängste, depressive Reaktionen, Kopfschmerzen und Migräne, Verdauungsbeschwerden und Bauchschmerzen). Das Kind fühlt sich hinterher meist freier und erfrischt. Sie können es an seinen Augen erkennen, die klar, offen und freudig sind, wenn sich das Kind gut entspannt hat.

Jede Entspannung hat neben ihren sonstigen positiven Wirkungen einen **reduzierenden Einfluss auf Ängste** und die sie begleitenden körperlichen Anspannungen. Wenn bedacht wird, dass (oft unbewusste oder verleugnete) Ängste eine der wichtigsten Belastungsquellen im Leben von Kindern (und Erwachsenen) sind, dann ist die Reduktion von Ängsten schon ein ausreichender Grund, Kinder zu regelmäßigen Entspannungen anzuleiten.

Die Geschichten dieses Buches wirken nicht nur während des Hörens oder Lesens angstmindernd. Durch die oben beschriebenen Veränderungen im Selbstwertgefühl, in der Selbstwahrnehmung (das Kind »wächst« innerlich) und in der Sichtweise seiner Umgebung lässt es sich auch zwischen den Entspannungsphasen nicht mehr so leicht ängstigen.

Es lernt, die Zusammenhänge zwischen schlechtem Befinden und äußeren wie inneren Einflüssen klarer zu erkennen, und kann sie zunehmend besser vermeiden und bewältigen.

Die Art, wie die Kinder auf die Geschichten reagieren, kann **Hinweise** auf ernst zu nehmende psychische oder körperliche **Störungen** geben. In der sensibilisierten Wahrnehmung für sich selbst können sonst unterdrückte Schmerzen (psychischer und körperlicher Art) stärker hervortreten. Klagt ein Kind über wiederkehrende bedrückende Bilder, die es in der Entspannung ängstigen, oder über körperliche Schmerzen, dann sollte es ernst genommen und einem Psychotherapeuten oder Facharzt vorgestellt werden.

Die Geschichten sind nicht dazu geeignet, Kinder gefügig zu machen! Im Gegenteil, sie haben die Absicht, Kinder unabhängiger und selbstsicherer werden zu lassen, indem ihre Wahrnehmung sanft auf die eigenen Gefühle gelenkt wird und diese wichtig genommen werden dürfen. **Ihre Einstellung** als VorleserIn und ZuhörerIn (der Antworten der Kinder) sollte in diesem Sinne **konstruktiv** sein. Sie sollten an unabhängigen Reaktionen des Kindes interessiert sein, auch wenn diese nicht mit Ihren eigenen Wünschen und Werten übereinstimmen.

In den Texten wird oft auf die Schwere und Wärme des Körpers hingewiesen und auf die entspannende Wirkung des Ausatmens. Diese körperlichen Prozesse werden genutzt, um weitere körperliche und psychische Spannungen loszulassen, und sind zentraler Inhalt der »Formeln« im Autogenen Training.

Durch das Anhören oder Lesen der Geschichten wird das Kind deshalb zukünftig leichter das **Autogene Training** erlernen können und sich dadurch eine sehr wirksame autosuggestive Möglichkeit, auf sich selbst Einfluss zu nehmen, eröffnen.

Anwendung der Geschichten

Selbstverständlich kann kein Mensch zur Entspannung gezwungen werden. Suchen Sie den **richtigen Zeitpunkt** und streben Sie an, dass das Kind interessiert zuhört. Wenn es gerade sehr unruhig ist, ist nicht zu erwarten, dass es sich schnell entspannt. Dann ist es sinnvoller, es sich zunächst spielerisch bewegen, tanzen oder ein Bild malen zu lassen.

Für das Vorlesen einer Geschichte sollte ein **ruhiger, Akzeptanz schaffender Rahmen** aufgebaut werden, der Geborgenheit vermittelt und es erlaubt, sich selbst im eigenen Körper zu fühlen. Dazu gehört eine bequeme Haltung, wenn möglich im Liegen auf einer weichen und warmen Unterlage. In der Schule können die Kinder ihren Kopf auch auf die auf dem Tisch liegende Jacke oder auf ihre Arme legen, wenn das Liegen auf dem Rücken nicht möglich ist.

Es ist günstig für die bewusste und unbewusste Auseinandersetzung mit dem Text, wenn **vorher über das Thema** der Geschichte **gesprochen** wird. Die vorherige Thematisierung der Grundgedanken der jeweiligen Geschichte dient der Sensibilisierung und löst unbewusste Suchprozesse aus, die eine tiefere Auseinandersetzung mit dem Thema fördern. Es soll eine entspannte und suchende Offenheit gefördert und die Sicherheit vermittelt werden, dass kein Gedanke oder Gefühl abgewertet wird, dass sie alle einen Sinn haben.

Nachfolgend finden Sie vor jeder Geschichte Beispiele für Fragen, die Sie stellen können, um die Aufmerksamkeit auf das entsprechende Thema zu lenken und die Fantasie des Kindes anzuregen. Dabei sollten Belehrungen und Bewertungen der Äußerungen unbedingt vermieden werden. Die Kinder sollten die Möglichkeit haben, **jeden Gedanken und jedes Gefühl** zuzulassen – das heißt nicht, dass alle Gefühle ausgesprochen oder gar ausgelebt werden. Aber sie sollen – von außen unbewertet – alles denken und fühlen dürfen. Lediglich wenn Gedanken geäußert werden, die den Eindruck erwecken, das Kind wird verletzt (z. B. Missbrauch) oder es beabsichtigt, andere zu verletzen, sollte vertiefend darüber gesprochen werden, um eventuell therapeutische Hilfe in Anspruch zu nehmen.

Äußerungen, die andere Kinder erschrecken (Krieg, Verletzungen), sollten in der Gruppe, in der die Äußerungen gemacht wurden, besprochen werden – in einer konstruktiven Art, die dem Kind, das solche Gedanken äußert, vermittelt, was es damit auslöst. Dabei sollte deutlich zwischen den Äußerungen des Kindes und dem Kind selbst getrennt werden. Nicht das Kind selbst ist negativ, nur weil es etwas ausspricht, das negativ ist. Indem Sie die Äußerungen offen besprechen und von verschiedenen Seiten beleuchten, vielleicht auch die beteiligten Kinder die eigenen Gefühle und Meinungen schildern lassen, schaffen Sie einen konstruktiven, schützenden Rahmen. Allerdings sind solche »negativen« Äußerungen eher selten. Der Aufbau der Geschichten lenkt die Aufmerksamkeit und die Fantasie absichtlich in eine konstruktive Richtung.

Sie können die **Texte abwandeln.** Sie können sie weiter ausschmücken (bitte konstruktiv bleiben, indem Sie eine sinnsuchende Haltung unterstützen, die das Selbstbewusstsein fördert) oder auch kürzen. Vermeiden Sie Verneinungen, denn sie verwirren nur und fördern oft das Gegenteil des Beabsichtigten.

Vor dem Beginn einer Geschichte sollte ganz deutlich gemacht werden, dass sich alles in der Fantasie abspielt und **das Kind die Vorstellung jederzeit verlassen kann,** indem es die Augen öffnet und/oder sich bewegt. Diese Hinweise sollten gegeben werden, damit eventuell auftretende ängstigende Fantasien (das kommt sehr selten vor) nicht unnötig ausgehalten werden müssen. Nach wenigen Geschichten wird sich das Kind normalerweise mit dieser Art der Entspannung vertraut gemacht haben, so dass die Hinweise nicht mehr nötig sind.

Sollten Sie beim Vorlesen Anspannung beim Kind bemerken, können Sie ihm mit Formulierungen helfen, die es ihm gestatten, unangenehme Vorstellungen zu verlassen.

Beispiel für eine lösende Formulierung: ...und manche Bilder oder Gefühle mag man nicht ... du weißt, es sind alles nur Fantasiebilder, wie nachts in einem Traum ... du kannst sie verlassen, indem du dich in der Vorstellung von ihnen wegdrehst oder dir vorstellst, dass sie in einem Fernseher zu sehen sind ... dort schaltest du dann auf einen anderen Kanal, auf dem schöne Bilder zu sehen sind ...

Sollte das Kind trotzdem nicht zur Ruhe kommen, können Sie es auffordern, sich wieder zu sammeln und mit jedem Einatmen wacher und klarer zu werden. Lassen Sie ihm ruhig etwas Zeit dabei, vielleicht muss es ein Erleben erst abschließen. Vielleicht können Sie es beruhigen, indem Sie Ihre Hand leicht auf den Arm oder die Schulter des

Kindes legen. Achten Sie darauf, ob das Kind diese Berührung möchte. Danach fragen Sie nach dem Erleben und seinem momentanen Gefühl. Oft bekommen Sie dann Informationen über nicht bewältigte, ängstigende Geschehnisse aus dem Alltag des Kindes. Falls Sie den Eindruck haben, das Kind kann mit diesen Erlebnissen nicht umgehen, streben Sie eine therapeutische Unterstützung an.

Wenn Sie mehrere Geschichten ohne Pause nacheinander vorlesen, ohne das Kind wieder wach werden zu lassen, dann kann das dazu führen, dass das Kind nicht mehr zuhören möchte, weil es wieder wach werden oder nicht zu tief entspannen möchte. Das ist eine Reaktion, die ihre (individuell begründete) Berechtigung hat und auf jeden Fall respektiert werden sollte.

Das Vorlesen mehrerer Geschichten hintereinander kann aber auch in eine wesentlich tiefere Entspannung führen, in der normalerweise unbewusste Gefühle und Gedanken bewusst werden oder das Befinden des Kindes beeinflussen können. Sehr selten kann das zu unangenehmen Empfindungen führen, weshalb nur ausgebildete Psychotherapeuten mehrere Geschichten aufeinander folgend ohne Pause vorlesen sollten.

Um es noch einmal zu verdeutlichen: Alle Texte sind so formuliert, dass sie die Gesundheit fördern. Sie wirken deshalb entspannend und integrierend auf die Psyche und den Körper. Aber in einer sehr tiefen Entspannung – und sie wird durch das Vorlesen mehrerer Geschichten hintereinander gefördert – kann auch die Verarbeitung von Problemen tiefer gehen und normalerweise verdeckte oder verdrängte Gefühle berühren. Auch das ist im Grunde positiv, **sollte aber von erfahrenen Therapeuten begleitet werden.**

Das Sprechtempo und die Pausen werden so gewählt, dass eine Dauer von **fünf bis fünfzehn Minuten** üblich ist. Dabei sollten Sie berücksichtigen, dass längere Pausen das Abdriften in die Vorstellungswelt fördern. Im **therapeutischen Kontext** kann das gewünscht sein, um Gefühle zu integrieren, die durch Aktivität verdrängt werden.

Wenn eine Geschichte vor dem **Einschlafen** vorgelesen wird, dann wird durch ein sehr ruhiges Sprechtempo und im Verlauf der Geschichte länger werdende Pausen das Einschlafen gefördert. Im **Schulkontext** sollen die Kinder nach der Geschichte wieder wach und aktiv sein, wozu eine Dauer von fünf bis zehn Minuten geeignet ist.

Nach jeder Geschichte werden die Kinder aufgefordert, sich wieder **in den wachen Alltag zurückzuorientieren.** Dafür brauchen sie ein bis zwei Minuten Zeit. Es ist darauf zu achten, dass bei einem zu schnellen Wachwerden eine Schläfrigkeit, eine »vernebelte Unklarheit« zurückbleiben kann. Das ist von außen daran zu erkennen, dass der Blick trübe wirkt, die Augen klein sind und vom Kind schwer offen gehalten werden können. Diese Anzeichen weisen darauf hin, dass das Kind zu schnell aus dem anderen Bewusstseinszustand der Entspannung »aufgetaucht« ist. Es sollte dann auf jeden Fall noch einmal aufgefordert werden, für ca. eine Minute in die Entspannung zurückzugehen und die Dinge abzuschließen. Das wird normalerweise gerne getan.

Es kann auch ganz regelmäßig nach jeder Geschichte eine Kurzform der Entspannung angewandt werden (entspannte Haltung, alle Geräusche hören, vielleicht Farben und Grautöne sehen, Gedanken vorbeiziehen lassen, Auflage spüren und sich mit dem Ausatmen sinken lassen, 2–5 Min.). Danach strecken sich die Kinder.

Nach längeren Geschichten sollten Sie die **Erfahrungen mit dem Kind besprechen,** um beängstigende Erlebnisse erkennen und erklären zu können. Außerdem sollten Sie einen Eindruck von der Verarbeitung bei jedem einzelnen Kind bekommen und sich versichern, dass jedes einzelne Kind wieder wach ist.

Wer kann die Geschichten vorlesen? Unter Beachtung der oben beschriebenen Anwendungsweisen kann jeder Erwachsene die Geschichten vorlesen. Besonders geeignet sind sie als **Einschlafhilfe,** als Anwendung in Gruppen (Kindergarten, Schule, Gymnastik u. Ä.). Eine regelmäßige Anwendung **im Kindergarten und in der Schule** wäre sehr wünschenswert, weil es den Wert der Entspannung »institutionalisieren« würde. Es würde zeigen, dass nicht nur Leistung wichtig ist, sondern auch Entspannung. Es würde die Kinder außerdem erfahren lassen, dass sie mit ihren Kräften besser wirtschaften können, wenn sie sich zwischendurch entspannen. Die Kinder würden früh ihre individuellen Wege kennen lernen und erweitern, auf denen sie Spannungen loslassen können. Und sie würden früh die oben genannten positiven Wirkungen erfahren und sie als Grundlage für ihren Umgang mit sich selbst und für ihre eigene Entwicklung nutzen können.

Für **psychotherapeutisch** arbeitende Menschen können die Geschichten vielfältig hilfreich sein. Sie können nicht nur tief entspannen und damit eine gute Arbeitsatmosphäre schaffen, sie sind auch als diagnostisches Instrument hilfreich und können im Sinne der Hypnotherapie angewandt werden.

Beginn und Ende

Im Alltag sind unsere Gedanken und Gefühle selten klar voneinander getrennt. Die Geschichten helfen, **in allem Denken und Handeln klarer** (bewusster) zu werden. In tiefen Entspannungen scheint sich das Bewusstsein zu reinigen, so dass die Wahrnehmung und das Denken danach klarer sind.

In der Ruhe verringern sich die Intensität und Dringlichkeit von Gedanken. Zu Beginn der Entspannung scheinen die Gedanken oft wirr und unruhig. Meist werden sie jedoch innerhalb von ein bis zwei Minuten weniger drängend. Auch Gefühle lassen in dieser Zeit allmählich in ihrer Intensität nach.

Vor der Entspannung ist der Hinweis hilfreich, alle Geräusche, Gedanken und Gefühle zuzulassen, sie zu akzeptieren, auch wenn sie unangenehm sind – und sie loszulassen, so dass sie frei kommen und gehen können. Sobald es gelingt, auch normalerweise abgelehnte und »verdrängte« Gefühle zuzulassen und vielleicht sogar zu akzeptieren, lernen wir, lockerer damit umzugehen, ihren Sinn besser zu erkennen und weitere Seiten unserer Persönlichkeit zu akzeptieren. Die Geschichten ermöglichen das zunächst in traumähnlichen Bildern in der Entspannung. Was dort beispielhaft geschehen darf, wird zunehmend auch im Alltagsdenken Normalität.

Damit das Kind sich leichter aus der angespannten, nach außen orientierten Wahrnehmung lösen kann, formulieren die einführenden Worte in allgemeiner Form das offensichtliche Erleben des »Jetzt«. Aus dieser Gegenwart wird in die Fantasiewelt übergeleitet.

Fast jede Geschichte wird mit anderen Worten eingeleitet. Das liegt daran, dass Menschen verschiedene Zugänge zur Ruhe haben. Sobald eine Formulierung gut hilft, kann sie bei diesem Kind wieder verwendet werden.

Die abschließenden Worte der Geschichten helfen, sich in den Alltag zurückzuorientieren. Sie sollen sanft, aber bestimmt die Aufmerksamkeit wieder aus der Fantasie lösen und das Kind veranlassen, sich auf äußere Aktivität einzustellen.

Die nachfolgenden Texte können **anstelle** der Einführung der jeweiligen Geschichte vorgelesen werden – **oder zusätzlich** als ritualisierter Beginn vor jeder Geschichte. Lesen Sie langsam, damit das Kind Zeit hat, sich darauf einzulassen und die Dinge geschehen zu lassen, die für eine Entspannung notwendig sind.

Einleitungstext

... während du jetzt deine Entspannung im Körper zulässt, kannst du dich an die Wirkung schöner Träume erinnern ...

nachts in den Träumen verbinden sich die Erinnerungen und die Fantasie oft zu Bildern oder kleinen Geschichten, die dir gut tun ... und das kannst du jetzt zulassen, während du dich entspannst, zulassen, was dir gut tut ...

Text zum Wachwerden

... und so wirst du nun innerhalb der nächsten ein bis zwei Minuten diese Fantasiebilder abschließen und mit dem Einatmen Frische und Klarheit sammeln ... ... dein Körper und dein Verstand bereiten sich jetzt auf das wache Erleben des Tages vor ... ... um ihn ausgeglichen und mit Freude zu verbringen, wirst du jetzt wieder ganz wach werden ...

Einstieg in die Geschichten

Zu viel Unruhe stört natürlich das Zuhören und die Konzentration auf das Gesagte und auf die inneren Bilder. Deshalb sollte Unruhe vermieden werden. Es ist aber keine Lösung, sie einfach zu verbieten. Nehmen Sie die Unruhe an und gehen Sie auf sie ein. Ein Umherlaufen im Raum oder ein kleines Bewegungsspiel (siehe Geschichten A: »Den Körper spüren lernen«) erlaubt den Kindern, die Unruhe auszuleben, und erleichtert eine nachfolgende Entspannung.

Versuchen Sie grundsätzlich, das Befinden des Kindes zu erkennen und anzunehmen. Aus dieser dann gemeinsamen Position heraus (in der Hypnotherapie nennt man dieses Vorgehen »Pacing und Leading«, vgl. z. B. Grinder u. Bandler 1981) suchen Sie (soweit es geht gemeinsam) einen Weg in die Ruhe (siehe Geschichten E: »Suche nach der Unruhe«).

Zwingen Sie das Kind zu nichts, leiten Sie es höchstens sanft an, machen Sie ihm Angebote, die es auch ablehnen kann – am besten indem es selbst eine Alternative ergreift, die zum gleichen Ziel führt. Dabei helfen Sätze wie »Vielleicht möchtest du die Bewegung in deinem Körper nicht sofort zur Ruhe kommen lassen«.

Die Wahrnehmung in die Gegenwart lenken

Wenn wir uns entspannen wollen, ziehen Gedanken durch unseren Kopf. Sie beschäftigen sich sehr wenig mit dem, was uns augenblicklich umgibt. Meist kommen uns vergangene Erlebnisse in den Sinn und das, was uns in der Zukunft erwarten könnte.

Solange diese Gedanken sich mit ruhigen, schönen Erlebnissen (in der Vergangenheit) oder angenehmen Erwartungen (in der Zukunft) beschäftigen, werden sie die Entspannung fördern. Viel zu häufig sind diese Gedanken jedoch unangenehmer Natur. Immer dann, wenn sie mit Ängsten, Ärger oder Wut verbunden sind, behindern sie die Entspannung.

Die Gegenwart wird selten beachtet, häufig stört sie sogar unsere Auseinandersetzung mit den Gedanken an die Vergangenheit und/oder an die Zukunft. Bei dem Versuch, Spannung loszulassen, drängt sie sich manchmal auch noch durch unangenehme Wahrnehmungen auf, beispielsweise wenn laute Geräusche zu hören sind oder Schmerzen den Menschen plagen.

Ein guter Weg, sich von Vergangenheit und Zukunft zu lösen und die Gegenwart zu akzeptieren, führt über die nichtwertende Wahrnehmung dessen, was im Augenblick unsere Sinnesorgane erreicht. Indem die Aufmerksamkeit auf das unmittelbare Hören, Sehen und Fühlen im Jetzt gelenkt wird, treten Gedanken und Gefühle allmählich in den Hintergrund. Sie haben aber noch für einige Zeit die Tendenz, sich in den Vordergrund zu schieben. Sobald sie jedoch wahrgenommen und dadurch gewürdigt werden, kann die Aufmerksamkeit sich wieder der unmittelbaren Sinneswahrnehmung zuwenden. Eine Würdigung der Gedanken ist wichtig, weil sie eben wichtig sind. Jeder Gedanke hat seine Aufgabe in uns. Wenn wir versuchen, ihn wegzuschieben, hindern wir ihn daran, seinen Sinn zu erfüllen. Sobald er jedoch wahrgenommen wurde, kann die Aufmerksamkeit sich leichter wieder von ihm lösen.

Kinder haben zwar meistens noch nicht so viel erlebt wie ältere Menschen, aber sie haben auch schon Träume, was ihre Zukunft anbelangt. Außerdem ist ihre innere Gefühls- und Gedankenwelt noch weniger gebunden. Sie orientieren sich weniger an Modellen von der Welt, sie sind freier von Normen und von Moralvorstellungen. Indem ihre Aufmerksamkeit auf eine nichtängstigende Gegenwart gerichtet wird, lassen Ängste nach, belastende Gedanken und Gefühle verlieren einiges von ihrem Gewicht.

Deshalb versuchen die ersten Worte jeder Geschichte, die kindliche Aufmerksamkeit in die Gegenwart zu lenken, um im Jetzt die Spannung loszulassen.

Die Geschichten

1 Aufmerksam werden

Die folgenden Geschichten lenken die Aufmerksamkeit vorwiegend in den Augenblick. Sie entspannen natürlich auch und fördern die Fantasie. Sie helfen, die Aufmerksamkeit von einer schnellen Reaktion auf innere und äußere Reize zu lösen und gelassen wahrzunehmen. Sie sind besonders gut geeignet, um überhaupt zu lernen, mit den Geschichten umzugehen, sich also ohne tiefere Entspannung auf diese Art des Zuhörens einzustellen – für diejenigen, die sie vorlesen (sich selbst oder anderen), und für diejenigen, die zuhören.

Den Körper spüren lernen

Wenn Kinder sehr unruhig sind oder – was bei sehr kleinen Kindern der Fall sein kann – sie sich nicht ruhig hinsetzen oder hinlegen wollen, dann kann es helfen, aus der Bewegung heraus die Aufmerksamkeit auf den Körper zu lenken. Dazu könnte auch gezielt mit einer **Phase der Unruhe** *begonnen werden. Ein Bewegungsspiel oder ein Umherlaufen im Raum kann Unruhe abbauen helfen. Nach wenigen Minuten wird die Bewegung verlangsamt, bis die Kinder schließlich Schritt für Schritt durch den Raum gehen und ihren Körper bewusst spüren. An diesem Punkt beginnt die Lenkung der Aufmerksamkeit auf entspannende Wahrnehmungen. Je nach Alter können die Formulierungen auch deutlich vereinfacht werden.*

... du kannst jetzt einmal deinen Körper spüren ... wenn ein Fuß sich beim Gehen auf den Boden senkt, dann kann der andere Fuß vom Boden weg und nach vorne gehen ... beobachte das ein paar Mal ... der eine Fuß stützt sich auf den Boden ... er trägt dabei den ganzen Körper, während der andere Fuß nach vorne schwingt ... das Gewicht deines Körpers ist immer auf dem Fuß, der auf dem Boden ist ... dadurch fühlt sich der Fuß schwer an ... der andere, der durch die Luft nach vorne schwingt, ist viel leichter ...

... wenn du es genauer spüren willst, dann geh jetzt einfach langsamer ... dann kannst du spüren, wie das Gewicht deines Körpers auf einem Punkt der Fußsohle aufkommt und sich dann Richtung Zehen verlagert, während der andere Fuß nach vorne schwingt ... beobachte das jetzt ein paar Schritte lang ...

während also deine Füße deinen Körper abwechselnd tragen, kannst du auch deine Arme hängen lassen ... du kannst sie mit ihrem ganzen Gewicht in den Schultern hängen lassen, du kannst an ihrem Ende die Hände locker baumeln lassen ... und du kannst beobachten, wie die Arme und die Hände beim Gehen nach vorne schwingen ... und nach hinten schwingen ...

dann gehe jetzt langsam zu einem Stuhl oder zu einem Sofa oder lege dich einfach auf den Rücken ... die Füße brauchen dann nichts mehr tragen ... jetzt wird das Gewicht deines Körpers anders verteilt ... dort, wo du den Boden oder den Sessel berührst, liegt dein Gewicht ... die Füße können sich ausruhen und es genießen ... vielleicht spürst du, dass dein Körper an manchen Stellen schwerer ist als an anderen ... du kannst an manchen Stellen mehr Wärme spüren als an anderen und dich dabei wohl fühlen ...

und weil du dich jetzt etwas ausgeruht hast, kannst du dich strecken und wieder wach werden ...

Auf einen Punkt schauen

Die Aufmerksamkeit des Kindes wird in die Wahrnehmung gelenkt. Dabei wird es angeregt, das, was es über seine Sinne aufnimmt und was es denkt und fühlt, als etwas Normales (im Sinne von etwas positiv Lebendigem) anzunehmen und sich dabei zu entspannen. Es soll nichts weiter tun, als wahrzunehmen und es sich gestatten, sich dabei zu erholen. Wenn genügend Zeit zur Verfügung steht, kann dieser Text auch als Einleitung für eine andere Geschichte genommen werden.

... schon morgens beim Aufwachen hören deine Ohren viele Geräuschen ... wenn deine Augen sich öffnen, dann sehen sie Licht und Schatten und Farben ... das geht den ganzen Tag so weiter, bis deine Augen sich abends wieder schließen und du dich im Schlaf ausruhst von dem, was am Tag so gewesen ist ...

du setzt dich jetzt so hin, dass dein Körper sich wohl fühlt und deine Muskeln ihre Spannung loslassen können, so dass du dich jetzt etwas ausruhen kannst ...

dann suchst du dir irgendeinen Punkt vor dir und schaust ihn ganz locker an ...

dabei siehst du den Punkt und um ihn herum Licht und anderes ... natürlich hören deine Ohren auch die Geräusche, und du spürst deinen Körper und wie er atmet ... das ist alles in Ordnung ...

und je länger du den Punkt anschaust, desto unwichtiger wird das, was um ihn herum ist ... dabei erholt sich dein Körper, und auch deine Gedanken werden ruhiger ...

das kannst du jetzt noch ein Weilchen so machen, deine Augen schauen lassen, Gedanken und Geräusche vorüberziehen lassen und dich dabei ausruhen ...

vielleicht werden deine Augen etwas müde, dann kannst du sie schließen, damit auch sie sich ausruhen können ...

um jetzt wieder wach zu werden, atmest du tief ein und aus, kannst den frischen Atem spüren, streckst dich und wirst wieder ganz wach ...

Mit den Pfoten einer Katze durch eine Wiese gehen

Die folgenden kleinen Geschichten sind besonders gut für kleine Kinder geeignet. Sie stellen keine großen Ansprüche an das Verständnis.

Die Geschichte der Katze kann körperlich erlebt werden, indem das Kind über den Boden geht und sich vorstellt, wie eine Katze durch eine Wiese zu schleichen – dazu kann es auch »auf allen Vieren« laufen.

Sie beobachten das Kind dabei und bieten ihm nach einiger Zeit an, langsamer zu werden, häufiger zu schnuppern und sich schließlich auch hinzulegen, wie es eine Katze eben so tut, ganz bequem und locker. Irgendwann schließt die Katze dann auch die Augen.

Achten Sie darauf, dass das Kind auch dazu bereit ist, loszulassen. Begleiten Sie es mit Ihrer Wahrnehmung und schlagen Sie ihm nichts vor, für das es noch nicht bereit ist.

Themenvorschläge für das vorausgehende Gespräch: *Hast du schon einmal eine Katze beobachtet, wie sie durch eine Wiese geht? Was tut sie*

*dort? Wie benutzt sie ihre Pfoten, trampelt sie auf der Erde oder geht sie
ganz vorsichtig? Ist sie laut oder leise? Wenn sie sich hinlegt, sucht sie sich
dann einen besonderen Platz? Legt sie sich lieber in die Sonne oder in den
Schatten? Wie mag sie sich fühlen, wenn sie sich hinlegt?*

... während du jetzt hier gehst, kannst du dir vorstellen, wie eine junge
Katze durch die Wiese geht ... mit ihrem Körper schiebt sie vorsichtig
die Gräser und Blumen auf die Seite ... sie bleibt manchmal stehen und
schnuppert oder schaut sich etwas auf der Wiese genauer an ...

und du kannst dir auch vorstellen, dass du jetzt diese Katze bist,
und kannst dabei auf Händen und Füßen gehen oder nur auf den
Füßen ...

zuerst rennst du vielleicht, dann wirst du langsamer ...

du gehst an Gräsern und Blumen vorbei, die deine Beine und dein
Fell streicheln ... deine Füße tragen dich sicher und vorsichtig über
den Grasboden ...

du kommst zu einem Maulwurfshügel, trittst vorsichtig auf die lockere
Erde und sinkst ein bisschen in die weiche Erde ein ... du kannst einen
Moment stehen bleiben, in deine Füße spüren, wie sie tiefer sinken,
und dir den Hügel anschauen, ob du das Loch findest, durch das der
Maulwurf wieder in die Erde verschwunden ist ...

dann gehst du langsam weiter und spürst deine Füße, setzt sie ganz
langsam und vorsichtig auf den Boden, wie eine Katze, die sich an-
schleicht ... sie bleibt manchmal stehen, mit einem Fuß in der Luft,
und dann ist das ganze Gewicht auf den anderen Füßen ...

dann geht sie weiter, langsam, sie spürt den Boden unter den Pfoten,
und schließlich legt sie sich irgendwo auf ein schönes Plätzchen und
ruht sich eine Weile aus ...

langsam schließen sich ihre Augen, und die Muskeln entspannen sich
... die Sonne wärmt ihr Fell, während sie sich in der Ruhe gründlich
erholt ... ... Schmetterlinge und Vögel fliegen vorbei, Geräusche sind
zu hören, die Ohren der Katze bewegen sich manchmal, um den Geräuschen zu folgen, während die Katze sich gründlich erholt ...

jetzt hat sie sich erst einmal genug ausgeruht, und du wachst jetzt hier wieder auf ...

du streckst dich, atmest tief ein und aus und fühlst dich ausgeruht und wach ...

Wenn ein Regentropfen schwer wird

Themenvorschläge für das vorausgehende Gespräch: *Hast du schon einmal beobachtet, wie die Regentropfen auf den Boden fallen? Weißt du, woher sie kommen? Hast du schon einmal das Gewicht eines Tropfens auf deiner Haut gespürt?*

... nachdem du es dir jetzt bequem gemacht hast, so dass du dich entspannen kannst, möchte ich dir etwas über Regentropfen erzählen, von denen du schon viele gesehen hast, auf der Fensterscheibe oder wenn sie auf die Erde gefallen sind ... Regentropfen wachsen in den Wolken ... dort wachsen viele kleine Wassertropfen so lange zusammen, bis sie schwer genug sind ... dann wird daraus ein Regentropfen, der macht sich zusammen mit vielen anderen auf die Reise hinunter zur Erde ...

während du dich jetzt entspannst, kannst du dir vorstellen, wie es wäre, wenn die Regentropfen sich in den Wolken unterhalten würden ... sie würden einander vielleicht erzählen, was sie alles unten auf der Erde sehen können von da oben in der Wolke ... vielleicht würden sie sich erzählen, was sie alles sehen möchten, wenn sie erst einmal unten sind ...

sie sehen von oben kleine Spiegel, das sind die Seen, die von oben ganz klein aussehen ... in ihnen spiegeln sich der Himmel und die Wolken, während sie vorüberziehen ...

von den Wolken aus können die Tropfen sehen, wie nach einem Regen viele kleine silberne Bänder zu den Seen ziehen ... das sind die Bäche und Flüsse, wenn sie durch den Regen breiter geworden sind ...

und während sie all das sehen, wachsen die Tropfen, sie werden in aller Ruhe größer und schwerer ... wenn sie es könnten, würden sie sich vielleicht darauf freuen, hinunterfallen zu dürfen, wenn sie endlich

groß und schwer genug geworden sind ... und eines Tages ist es dann
so weit ... ein paar fangen an, und die anderen folgen ihnen ...

sie sind schwer genug, sie lösen sich aus der Wolke und fallen hinunter, der Erde entgegen ... die Wolke löst sich dabei auf ... der blaue
Himmel ist zu sehen ... die Sonne scheint durch das Loch, wo vorher
die Wolke war, die Regentropfen glitzern in ihrem Licht ...

einige Tropfen lösen sich, während sie fallen, in der Luft schon wieder
auf ... aber viele fallen hinunter auf die Erde, auf einen Grashalm, in
eine Pfütze oder auf die Nase eines Kindes, das auf dem Schulhof
gerade in den Himmel geschaut hat, um zu sehen, wieso plötzlich
ein blaues Loch in den Wolken ist, durch das die Sonne scheint ... das
Kind freut sich über den Tropfen und hält seine Hände in den Regen
... ...

die Tropfen sammeln sich auf der Erde, und irgendwann einmal be-
gegnen sie sich alle wieder ... das kann sehr lange dauern, weil manche
lange unterwegs sind, bevor sie wieder in die Wolken aufsteigen ...

und so kannst du dich jetzt noch ein Weilchen ausruhen und erholen,
um beim nächsten Regen die Wolken zu beobachten und die einzelnen
Tropfen ...

um dich dann wieder zu strecken und tief einzuatmen, und jetzt wirst
du ganz wach und frisch ...

Ein Käfer schaukelt auf einem Blatt

Themenvorschläge für das vorausgehende Gespräch: *Sehen alle Käfer
gleich aus? Gibt es Käfer, die dir besonders gut gefallen? Weißt du, wo Käfer
schlafen?*

... und während du es dir jetzt hier gemütlich machst und dich dabei
erholst, erzähle ich dir etwas über Käfer ... es gibt wahrscheinlich manche Käfer, die gerne auf Blättern schlafen ... wenn sie müde werden,
suchen sie sich ein schönes Blatt, irgendwo im Schatten oder auch
in der warmen Sonne, dafür laufen sie ein Weilchen durch den Wald
oder über die Wiese, bis sie den richtigen Platz gefunden haben, auf
dem sie sich wohl fühlen ...

manche Blätter sind ein guter Schlafplatz ... sie sind weich und über dem Boden und doch leicht für einen Käfer zu erreichen, er braucht nur am Stamm hochzuklettern ...

wenn du magst, kannst du dir jetzt vorstellen, wie es wäre, wenn du ein solcher Käfer wärst ... der legt sich auf seinem Platz bequem hin ... vielleicht ruhen sich manche Käfer auch im Sitzen aus, wenn das bequemer für sie ist ... dabei lehnen sie sich an den nächsten größeren Zweig, damit ihr Rücken und ihr Kopf sich entspannen können, denn es ist auch für Käfer wichtig, dass es ihnen gut geht, deshalb suchen sie den richtigen Platz, an dem sie sich wohl fühlen, und setzen oder legen sich so hin, dass es ihnen richtig gut geht dabei ...

und weil Blätter weich sind und leicht, schaukeln sie im Wind ... damit das Schaukeln nicht zu heftig wird, sucht sich der Käfer ein Blatt, das genau richtig ist ... er hat es gelernt, das richtige Blatt auszusuchen ...

sobald er es gefunden hat, klettert er hinauf, legt oder setzt sich darauf, schaut sich zufrieden um und schließt dann seine Augen, um ein Weilchen auszuruhen ... die Geräusche um ihn herum begleiten ihn in die Ruhe ... seine Ohren sind immer ein bisschen wach und passen auf ihn auf, so dass er sich beruhigt in die Ruhe sinken lassen kann, in der er sich gründlich erholt ...

ganz sanft wird er geschaukelt, vielleicht durch den Wind, vielleicht ist es auch sein eigener Atem, der ihn ganz sanft bewegt ... er fühlt sich wohl und erholt sich gründlich ... ...

Inzwischen wandert die Sonne weiter ...

schließlich weiß der Käfer irgendwie, dass es Zeit ist, wieder aufzustehen ... er ist ausgeruht, streckt sich und lässt sich dann vom Blatt langsam runterrutschen und landet wieder auf dem festen Boden ... und so wirst du jetzt auch wieder wach werden, dich strecken und ausgeruht hierher zurückkommen ...

Fantasieteppich

Diese Geschichte kann einleitend für alle folgenden benutzt werden. Wenn an ihrem Ende nicht zur Aktivierung aufgefordert wird, eignet sie sich auch gut als Begleitung in den abendlichen Schlaf.

Jeder Mensch hat Fantasie. Sie ist die Quelle jeder Vorstellung, und sie verändert auch Erinnerungen. Diese Quelle kann und sollte genutzt werden, um das Leben gesund und freudig zu gestalten.
In ihr ist alles enthalten, was vorstellbar ist. Was aus ihr geschöpft wird, ist auch abhängig von den Erfahrungen, Einstellungen und Ängsten. Ein Kind, das sich mehr zutraut, wird auch in der Fantasie mutiger sein. Ein Kind, das in der Realität ängstlich zurückweicht, kann in der Vorstellung mutigeres Verhalten erproben.
Die Fantasie kann ein (legitimer) Zufluchtsort vor einem schädlichen oder sehr unangenehmen Alltag sein. Sie bietet die Grundlage für neue Ideen und für Problemlösungen.

Themenvorschläge für das vorausgehende Gespräch: *Was ist Fantasie? Wo kommt sie her? Wofür kannst du sie verwenden? Wie erfährst du sie? Wann merkst du viel von ihr? Wann ist sie (fast) stumm?*

wenn du es dir jetzt hier bequem machst und dich ausruhst, dann kannst du dir so einiges vorstellen ... da ist so vieles, das du schon erlebt hast ... Bilder von Menschen, anderen Kindern und von Orten, an denen du schon warst. Die Fantasie verändert die Erinnerungen, so dass sie manchmal nicht mehr richtig von den reinen Vorstellungen getrennt werden können ...

immer wenn du dich ausruhst, kommen Erinnerungen und Bilder ... wie in Träumen ... mal sind es mehr, mal weniger ... wenn du die Augen schließt, dann können diese Tagträume sich noch deutlicher ausbreiten ...

und du kannst jetzt an etwas Schönes denken und es sich ausbreiten lassen ... vielleicht denkst du gerne an schöne Wiesen mit grünem Gras, auf denen es auch Bäume gibt ... und farbige Blumen und Tiere ... ... oder an das weite Meer mit seinen Fischen und Inseln, auf denen auch Bäume stehen können ... ... an weichen und warmen Sand ... ... oder an ein weiches Bett, in dem die schönen Träume kommen ...

und so kannst du es jetzt genießen, etwas Schönes zu träumen, während du dich für ein paar Minuten ausruhst, jetzt ...

die Fantasie könnte man sich vorstellen wie einen Teppich, auf dem man weich liegen oder über den man gehen kann ... er hat mehr Farben, als man sich denken kann ... vielleicht liegt er auch unter einem Bett, in das du dich bequem kuscheln kannst ... aus dem Teppich können dann die Träume aufsteigen und dir schöne Gefühle bringen ... und das kann so richtig deutlich werden, wenn du dir Zeit lässt dafür ...

und so kann die Fantasie jetzt wieder ihren farbigen Teppich ausbreiten, unter deinem Kopf und vor deinen Augen ... und wenn du magst, kannst du dir vorstellen, wie du auf dem Teppich entlanggehst ... langsam einen Schritt vor den anderen setzt, deinen Fuß hineinsinken lässt, vielleicht stehen bleibst, wenn es dir dort gefällt, oder weitergehst ...

du kannst dort hingehen, wo schöne Farben sind, dorthin, wo du dich wohl fühlst ... und wo er weich ist, dort bleibst du vielleicht etwas länger stehen ... du kannst dich auch bequem hineinsetzen oder legen ...

und wenn du dich ein Weilchen auf dem Teppich bewegst, dann lernst du ihn besser kennen ... du kannst dir einen schönen großen Baum vorstellen ... du kannst dir vorstellen, was für eine Stimme der Baum hätte, wenn er mit dir sprechen würde ... er könnte dir von den vielen Kindern erzählen, die schon unter ihm gespielt haben, und von den Tieren, die er schon gesehen hat ...

früher, als er noch klein war, sind viele Kinder auf ihn geklettert, weil es ihnen Spaß gemacht hat ... und er fand es auch schön, von den weichen Händen berührt zu werden ... heute ist er zu dick für die meisten Kinder, deshalb sind es fast nur noch Tiere, die zu ihm in die Äste kommen, die sich bei ihm wohl fühlen, denen er Schutz gibt und Sicherheit ... und er weiß so viel zu erzählen, wenn du ihm zuhörst, denn in der Fantasie gibt es wirklich alles und manches wird wahr ...

2 Sich selbst wahrnehmen und mögen

Der Schwerpunkt dieser Geschichten liegt auf der Wahrnehmung des eigenen Körpers und der eigenen Gefühle. In der frühen Kindheit achtet der Mensch noch gut auf sich selbst. Das kleine Kind wehrt sich gegen Überforderung. Im Laufe der Sozialisation lernt das Kind jedoch, seinen Körper wie ein Instrument zu benutzen – oft gegen innere Warnungen.

Um sich vor der Trauer zu schützen, die ein überforderter Körper verursacht, und um den schließlich internalisierten äußeren Zielen besser folgen zu können, wird die Wahrnehmung des Körpers (und der Gefühle) unterdrückt.

Mit Hilfe der folgenden Geschichten werden der Wert des Körpers, der eigenen Gefühle und die Gültigkeit der eigenen, nach innen gerichteten Wahrnehmung wieder wichtiger, so dass die eigenen Gefühle für die Gesundheit und für die Gestaltung des Lebensweges an Bedeutung gewinnen.

Ohren wachsen lassen

Wenn die Augen geschlossen sind, wird das Hören wichtiger. Das Gehörte ist meist weniger stark mit der freien Fantasie verbunden als das Sehen. Indem das Kind hört, orientiert es sich in der Realität. Es kann die Geräusche als Verankerung in der Gegenwart benutzen, um sich dabei ein Stück weit zu entspannen. Ängste bekommen dadurch weniger Raum. Die Worte in der Geschichte begünstigen außerdem beruhigende Vorstellungen.

Um eine sichere Basis für tiefere Entspannungen zu schaffen, in denen die Fantasie mehr Raum bekommen kann, ist es hilfreich, die Geschichten, die sich mit der Wahrnehmung des Augenblicks befassen, häufiger vorzulesen. Es kann auch später wieder auf sie zurückgegriffen werden.

Themenvorschläge für das vorausgehende Gespräch: *Höre einmal auf die Geräusche, die gerade zu hören sind. Wenn du magst, kannst du deine Augen dabei schließen. Was hörst du (es ausdrücken lassen)? Welche Geräusche gefallen dir besser? Wechsle mit deiner Aufmerksamkeit ruhig von einem Geräusch auf ein anderes und beobachte deine Gefühle dabei. Welche Geräusche lösen schöne Gefühle in dir aus?*

... wenn du deine Augen jetzt schließt, achten deine Ohren weiter auf die Geräusche ... das ist in Ordnung, denn es ist die Aufgabe der Ohren zu hören, was zu hören ist ...

deshalb kannst du deinen Körper jetzt (auf den Stuhl) sinken lassen, damit er sich ausruhen kann und du dich wohl fühlst ...

und in Träumen ist alles möglich, sogar die Ohren wachsen zu lassen, dass sie so richtig groß werden ...

manche Tiere können ihre Ohren drehen, können sie mal in die eine Richtung lauschen lassen, mal in die andere ... Hunde tun das sogar im Schlaf ... während der Hund tief entspannt ist, sich erholt und etwas Schönes träumt, sind seine Ohren wach und passen auf ihn auf ... deshalb kann er sich richtig gut entspannen, denn es gibt etwas in ihm, das passt auf ihn auf ...

und obwohl Ohren ihre Aufgaben sehr unauffällig erfüllen, freuen sie sich, wenn wir auf sie achten und sie pflegen, so wie alles an uns sich darüber freut, wenn wir es mögen ... und sobald du sie beachtest, öffnen sie sich, so wie eine Blume es im warmen Licht tut, so dass die Sonne hineinstrahlen kann ... wärme breitet sich aus, in beiden Ohren, in alle Richtungen und in ihre Tiefen ...

und in der Wärme kann es still werden in deinen Ohren ... so als würde eine Tür geschlossen werden, durch die kaum noch Geräusche zu hören sind ... es wird irgendwie weit und angenehm warm und still ...

die Töne haben ausreichend Platz in der Weite der Ohren, so dass sie sich ausbreiten können, während sie stiller werden ... und das können fantastisch schöne Bilder sein, wenn solch ein Ton sich so richtig entfaltet, so farbig wie ein Feuerwerk oder wie eine Blumenwiese ... das Ohr lässt die Töne einfach laufen, bis sie zur Ruhe kommen, irgendwann, oder fängt sie in seiner warmen Weichheit federnd ab ...

und so kannst du deine Ohren sich öffnen lassen und ihre Wärme jetzt genießen ...

und weil deine Ohren sich freuen, wenn du sie beachtest, wirst du jetzt wieder wach werden, tief durchatmen, den Körper strecken und die Augen öffnen ...

Den Augen etwas Gutes tun

Kinder lernen in der Schule wenig darüber, wie einzigartig ihr Körper ist. Sein Funktionieren wird als selbstverständlich gefordert, eine »Schwäche« als Makel empfunden.

Das Bewusstsein für den Wert des Körpers steigt mit der Wahrnehmung und Wertschätzung seiner Funktionen. Das von den Augen Gesehene wird als selbstverständliche Grundlage für den Alltag genommen, ohne die Augen selbst wertzuschätzen.

Diese Geschichte soll helfen, mit den Augen bewusster umzugehen und ihnen gerne Erholung zu geben – in der Annahme, dass die Gesundheit der Augen dadurch gefördert wird und der Reichtum der Wahrnehmung für die eigene Zufriedenheit, für die Lebensqualität erkannt und auch im wachen Zustand genutzt wird.

Themenvorschläge für das vorausgehende Gespräch: *Wie fühlen sich deine Augen an? Wann fühlen sie sich besser an? Was geben sie dir? Was würde dir fehlen, wenn du nicht mehr sehen könntest? Wie könntest du für deine Augen sorgen, so dass es ihnen gut geht?*

... und während du beim Ausatmen die Luft ausströmen lässt, kannst du deinen Körper jetzt hinuntersinken lassen, in seine angenehme Schwere und wohlige Wärme, kannst dich mit dem Ausatmen tiefer sinken lassen, kannst deine Gedanken dabei treiben lassen ...

und wenn du magst, kannst du deine Augen jetzt oder gleich schließen ... deine Augenlider legen sich dabei schützend über deine Augen, sie wärmen sie und halten sie feucht und sorgen für angenehme Dunkelheit ... und so tut die Ruhe jetzt auch deinen Augen gut ...

und weil du jetzt ganz bequem sitzen kannst, lassen die großen Muskeln deiner Arme und Beine ihre Spannung los, so dass sie sich erholen können ... auch die kleineren Muskeln deiner Augen können sich jetzt ausruhen ...

so als ob sie sich auf eine Bank setzen oder auf ein bequemes Sofa legen ... im Schutz der warmen Dunkelheit ruhen sie sich aus und erholen sich dabei gründlich, während hinter den geschlossenen Lidern vielleicht ein schwaches Pulsieren zu spüren ist, manchmal auch zu sehen, indirekt, mit farbigen Punkten oder Kreisen oder anders ...

deine Augen werden in der Ruhe gereinigt, unbewusst natürlich, wohltuend geklärt und gereinigt, befeuchtet in wohltuender Stille ...

und während die Lider geschlossen sind und auch sie sich ausruhen, können die Augen es sich erlauben, jetzt nichts zu sehen, außer vielleicht ein paar Farbpunkte oder etwas Grau ...

und sie können dabei das Gute des Augenblicks annehmen, während die Muskeln sich auf ihre Art gründlich erholen und sich wohl fühlen dabei ...

der Körper reinigt seine Augen mit Hilfe seines uralten Wissens besonders gut in der Ruhe ... und so geschieht es auch jetzt, in der stillen Ruhe des Augenblicks ... während die Augen sich an inneren Bildern erfreuen können, an wohltuenden Farben und die Dunkelheit dazwischen genießen, werden sie von innen gründlich und sorgfältig gereinigt ...

und du kannst all das geschehen lassen, während du einfach nur hier bist, angenehm schwer oder leicht und wohlig warm ...

und du schließt diese Dinge nun auf eine gute Weise ab, in aller Ruhe, so dass du dabei ganz wach und frisch wirst, jetzt, und dich darauf freuen kannst, deine Augen zu öffnen, und dich freust über das, was sie dir zeigen ... Licht und Schatten, Formen und Farben ...

So leicht wie eine Feder

Wir fühlen uns unterschiedlich schwer oder leicht. Die körperliche Verfassung hat auf dieses Gefühl einen großen Einfluss. Wenn wir erschöpft sind, fühlen wir uns müde und schwer. Wenn wir diesem Gefühl nachgeben können, uns hinlegen und dem Körper die Ruhepause geben, die er braucht, dann fühlen wir uns wieder leichter.

Sorgen können uns auch dann ein Gefühl der Schwere bringen, wenn wir eigentlich körperlich ausgeruht sind. Die tiefe Entspannung entzieht den Sorgen ihre Energie und leitet sie zurück in den Körper, wo sie konstruktiv eingesetzt wird, so dass wir uns ent-lasten und danach wieder leichter fühlen.

Themenvorschläge für das vorausgehende Gespräch: *Hast du schon einmal eine Feder in der Hand gehalten? War sie leicht oder schwer? Von* *welchem Vogel hast du schon einmal Federn gesehen? Kennst du die Federn in einer Bettdecke oder in einem Schlafsack? Auch die Daunenjacke ist sehr leicht, obwohl sehr viele Federn in ihr sind.*

... anfangs, wenn du dich entspannst, dann spürst du das Gewicht deiner Arme und Beine ziemlich deutlich ...

und wenn die Entspannung tiefer geworden ist, fühlst du dich leichter ... zuerst merkst du es vielleicht gar nicht, deine Schwere verliert ihr Gewicht, und es tut dir gut ...

und dann kannst du dich so leicht oder schwer wie eine Feder fühlen, wie die Feder eines Vogels ... und ein Windhauch, fast schon das Ausatmen einer Fliege kann eine Feder ihr Gewicht verlieren lassen ...

dann beginnt sie zu schweben, und sie mag das, denn es ist ein tolles Gefühl, in der Luft zu schweben, sein Gewicht verloren zu haben für einige Zeit ... sie schwebt federleicht durch die Luft, sie tanzt auf den Armen der Luft, der Wind spielt die Musik dazu ...

und noch im leichten Schweben sinkt sie langsam nach unten, immer tiefer, schaukelt dabei mal auf die eine und mal auf die andere Seite ... ... irgendwann landet sie dann ganz sanft auf der Erde ... und sie lässt sich Zeit dabei ...

und wenn sie dann unten angekommen ist, bleibt sie nicht lange lieben, denn es ist gar nicht so leicht für eine Feder, schwer liegen zu bleiben, denn die leichte Schwere der Feder macht es ihr schwer, liegen zu bleiben ... und wer schon einmal versucht hat, eine Feder wegzupusten, der kennt das, wie schwer es ist, eine Feder in der Luft zu bewegen ... denn die Leichtigkeit der Feder macht es ihr schwer, wegzufliegen ... sie ist so leicht, dass sie sogar an der Luft abprallt. Und so kann eine leichte Feder ganz schön schwer sein ... früher, als die Feder noch beim Vogel war, hat sie ihn gewärmt ... jetzt hat sie ihre Arbeit getan, und sie kann sich ausruhen ...

und weil es schön ist, sich auszuruhen, auch wenn es nur ein paar Minuten sind, kannst du dir nun noch einmal erlauben, es zu genießen, auf deine Weise die Pause genießen ... ... um dann deinen Körper langsam wieder zu bewegen, tief durchzuatmen, dich zu strecken ...

…… und wieder ganz wach werden, so dass du frisch und erholt bist, jetzt wieder ganz wach werden …

Lichtkugel

Diese Geschichte hilft gegen das Gefühl, einsam zu sein. Kinder brauchen die Nähe zu anderen Menschen, sie suchen (außerdem und ersatzweise) auch Nähe zu Tieren oder Puppen. Indem sie sich eine innere Verbundenheit mit anderen Lebewesen vorstellen (oder sie sogar als solche entdecken), fühlen sie sich weniger einsam, sie werden gelassener und schulen gleichzeitig ihr Einfühlungsvermögen.

Themenvorschläge für das vorausgehende Gespräch: *Wo spürst du Wärme in deinem Körper? Wie macht der Körper sich warm? Wie fühlt es sich an, wenn du innerlich warm bist? In deinem Körper fließt Energie (Kraft) genauso wie in allem anderen Lebendigen. Kannst du dir vorstellen, dass diese Kraft uns alle verbindet? Wenn du sie malen würdest, die Energie, wie würde sie auf deinem Bild aussehen (falls möglich, tatsächlich ein Bild malen lassen)?*

… und weil du jetzt hier sitzt und es dir dabei bequem machst, kann dein Körper sich ausruhen …

und vielleicht magst du dir vorstellen, wie es wohl wäre, wenn tief in dir eine angenehm warme Kugel aus Licht wäre … sie wäre ohne Gewicht und irgendwie unsichtbar … sie würde dich mit Wärme und Wissen versorgen … im Alltag, wenn du mit diesem und jenem beschäftigt bist, würde sie vor sich hindämmern und langsam pulsieren und umso dunkler sein, je weniger du dich magst … und in Zeiten der Ruhe, besonders nachts, wird sie heller und beginnt mehr und mehr zu strahlen wie eine kleine Sonne … und es wird dir warm von innen heraus, so dass du dich wohl fühlst mit dir und in dir …

denn insgesamt bist du das Wichtigste, was du hast … die helle Wärme in dir hilft dir, dich zu mögen … je mehr du dich magst, umso kräftiger strahlt die leichte Kugel und wärmt dich von innen … und dann kannst du sie deutlicher fühlen, wie eine helle kleine Sonne in dir … sie wärmt dich von innen …

und während du mit dir einverstanden bist, beginnt sich die Kugel irgendwann zu öffnen wie eine Blüte in der Sonne … sie strahlt ihre helle Wärme in dich hinein, so dass du irgendwie in dir lächeln kannst, einverstanden bist mit dir ...

und die Lichtkugel kann sich zu einem farbigen Kreis öffnen, wie ein ganz runder Regenbogen, der hell und farbig strahlt in dir, und du kannst das schöne Gefühl sich in dir ausbreiten lassen, jetzt, so dass du dich rundum wohl fühlst mit dir und ein Gefühl von Frieden und Geborgenheit spürst ...

und vielleicht möchtest du dir einmal vorstellen, wie es wäre, wenn alles um dich herum ebenfalls Lichtkugeln in sich tragen würde, und wie es sich anfühlen würde, wenn deine geöffnete farbige Kugel Verbindung aufnimmt zu den hellen Kugeln in den Bäumen, Blumen und Steinen, zu den Wassertropfen und allem anderen um dich herum und dass sich die Kugeln dort freuen über die Verbindung zu dir und sich gerne öffnen für dich ...

und so fühlst du wie im Traum eine Verbindung zu den Dingen um dich herum ... du kannst dir sogar vorstellen, wie sich ein Baum fühlt, ein Stein oder etwas anderes, in das du dich gerne einfühlen würdest ...

wenn du ein Baum wärst, hättest du viele Arme und Finger, mit grünen Blättern daran und einer festen Rinde, die dich schützt vor den äußeren Dingen, die in der Sonne knackt und in der Kälte den Baum wie einen warmen Mantel umhüllt und wärmt ... unter der Erde bieten die Wurzeln einen festen Halt und können sich mit Wurzeln anderer Bäume verbinden ...

oder du fühlst dich in einen Stein hinein, er ist sehr fest, beständig und sehr alt ... in ihm ist ein tiefes Wissen verborgen über die vielen Dinge, die er schon gesehen hat in den Jahren seines Steinlebens ...

und gleichgültig, in was du dich einfühlen möchtest, du spürst immer auch dich selbst und deine Grenzen und fühlst dich wohl in dir ... deshalb kannst du dich in alles andere einfühlen, sobald du es willst ... und es gibt dir ein sehr gutes Gefühl der tiefen Verbundenheit mit allem, was ist ...

und so kannst du es genießen, genau so tief zu fühlen und zu träumen, wie es angenehm und gut ist für dich jetzt ...

und so löst du dich jetzt langsam wieder vollständig heraus und kehrst hierher zurück ... deine innere Kugel kann sich wieder schließen, so wie du es brauchst für deinen Alltag, sie wird sich zur geeigneten Zeit wieder öffnen, und sie strahlt ihre helle Wärme weiter in deinen Körper ...

und du kommst in den nächsten zwei Minuten in deiner eigenen Geschwindigkeit in diesen Raum und in diesen Alltag zurück, wirst dabei ganz wach und frisch und freust dich über die neuen Erfahrungen und spürst vielleicht noch die Wärme in deinem Bauch ...

Nachtigall

Ein Mensch, der sich mag, passt besser auf sich auf und ist weniger damit beschäftigt, sein Leben auf das Wohlwollen anderer auszurichten. Beides setzt Energien frei, die für eine bessere Gesundheit bereitstehen.

Die Verwirklichung der eigenen Potenziale ist leichter möglich, wenn man sich zugesteht, Fähigkeiten zu haben. Das Recht auf eigene Bedürfnisse und Gefühle gesteht derjenige sich eher zu, der davon überzeugt ist, dass seine Gefühle und Bedürfnisse es wert sind, beachtet zu werden. Zum Verständnis dieser Geschichte sollte das Kind ungefähr wissen, was eine Idee ist.

Themenvorschläge für das vorausgehende Gespräch: *Magst du dich? Was magst du an dir, was nicht? Kannst du dir vorstellen, dass du dich magst? Wie fühlt sich das an?*

... während du jetzt einfach nur zuhörst, kann dein Körper die Gelegenheit nutzen und sich ausruhen ... deine Beine und Füße können auf den Boden sinken, deine Arme, Schultern und Hände sinken in ihrer eigenen Schwere auf die Unterlage ... auch dein Rücken, dein Po, deine Brust und dein Bauch können sich ausruhen und nach unten sinken ... wenn du liegst, können dein Hals und dein Kopf die Spannung loslassen und es sich gut gehen lassen, der Unterkiefer kann nach unten sinken, die Zunge kann bequem im Mund liegen, und sogar die Ohren können ein Stückchen hängen ... im Moment kann sich dein ganzer Körper wohl fühlen mit sich selbst ...

und durch unseren Alltag begleiten uns verschiedene Ideen, wir wollen zum Beispiel intelligent sein, stark oder erfolgreich ... sich zu mögen ist nicht nur eine Idee, sondern auch ein wichtiges Bedürfnis jedes Menschen ...

und irgendwann vor einiger Zeit ist es im Denken der Menschen unwichtig geworden, sich zu mögen ... deshalb ist diese Idee heruntergefallen ... fast unbemerkt fiel sie auf den Boden, nur wenige Menschen haben noch ein größeres Stück von ihr behalten ... sie liegt seitdem irgendwo auf dem Boden des Alltags, zwischen Blättern und Kieselsteinen, sie wird vom Wind zur Seite geweht und vom Regen weggespült ... zusammen mit Sand und Blättern schwimmt sie unbeachtet davon ...

und obwohl sie sehr hell ist und von schöner Gestalt, fällt sie doch kaum jemandem auf, denn die begehrenswerten Ideen werden oben gesucht, zwischen den Bäumen und den Wolken ... die meisten Menschen haben es verlernt, auf dem Boden nach etwas Wertvollem und Schönem zu suchen ...

und manchmal nachts, wenn es dunkel ist und der Verstand schläft, kommt eine Nachtigall aus dem Schutz der Bäume, sie nimmt die Idee sich zu mögen vorsichtig in ihren Schnabel, erhebt sich vom Boden, schlägt vorsichtig und kräftig mit ihren Flügeln und trägt sie hinauf in die dunkle Nacht, immer höher ...

und ganz weit oben beginnt sie zu schweben, öffnet vorsichtig ihren Schnabel und lässt die Idee los, um ihr zuzuschauen, wie sie nach unten schwebt ... ... heller und schöner als ein Stern gleitet sie fröhlich und lautlos durch die dunkle Nacht ...

die Nachtigall begleitet sie nach unten, weil sie gerne bei ihr ist, während die Idee sich langsam den Häusern der Menschen nähert ... ...
... und während die Nachtigall neben ihr ist und ihren hellen Schein bewundert, beobachtet sie, wie die Idee durch ein offenes Fenster in ein Schlafzimmer schwebt und sich wie ein Hauch auf die Stirn eines Menschen legt, ganz leicht und hell ...

und das schlafende Gesicht des Menschen verändert sich sofort, es entspannt sich, wird weich und glatt, als würde es von innen heraus strahlen, alles an ihm beginnt zu lächeln ...

denn sie wirkt tief hinein, die Idee sich zu mögen, in den ganzen Körper, der sich freut und kräftig wird und gesund ...

und die Nachtigall sieht es vom Fensterrahmen aus und freut sich und singt ganz leise ihr schönes Lied, begleitet so die Wirkung der Idee, ganz leise, um den glücklichen Menschen friedlich schlafen und träumen zu lassen ...

und am nächsten Morgen wacht der Mensch auf, die Idee ist in ihm, unsichtbar und doch deutlich fühlbar, und er sieht durch ihr Strahlen alles heller ... und er fühlt sich ganz ungewöhnlich gut mit sich selbst und passt gut auf sich auf ...

wenn der Mensch es wissen will, versucht die Nachtigall, es ihm zu erklären, wie es kommt, dass er sich so gut fühlt ... und mancher Mensch versteht es, so dass er die Idee von nun an achtet, sich mag und glücklich ist mit sich ...

so dass die Idee vor der Morgendämmerung zufrieden wieder aus dem Fenster schweben kann zur Nachtigall, wissend, dass sie dennoch bleiben wird, im Herzen dieses Menschen ...

und so orientierst du dich nun wieder zurück, wirst mit jedem Einatmen klarer und frischer und magst dich tief in dir, um dich wohl zu fühlen mit dir, so wie du eben bist ...

Der erste Flug

Diese Geschichte hilft, Ängste zu überwinden und sich für das Entwicklungspotenzial der eigenen Person zu öffnen. Wenn Kinder älter werden, stehen sie immer wieder vor der Aufgabe, Neues auszuprobieren und ihre Fähigkeiten zu erweitern. Das löst viele Ängste aus. Es wird angeregt, auf die eigenen Gefühle zu achten und ihnen zu folgen. Das Vertrauen in die eigenen Fähigkeiten wird gefördert.

Themenvorschläge für das vorausgehende Gespräch: *Vor was hast du Angst? Was tust du, damit die Angst weniger wird? Was macht dir Mut? Kannst du dich an Gelegenheiten erinnern, bei denen du etwas gemacht hast, obwohl du Angst davor hattest?*

... während du es dir jetzt für ein paar Minuten hier bequem machst, werde ich dir eine kleine Geschichte über einen Vogel und seinen allerersten Flug erzählen ...

wie du es kennst, schlüpfen in jedem Frühling die Vögel aus ihren Eiern, während das Leben seinen normalen Gang geht ... und wenn du magst, kannst du dich jetzt auch innerlich zurücklehnen und ausruhen und dir dabei vorstellen, wie es einem jungen Vogel im Frühling geht, dessen Zeit im warmen Nest zu Ende geht ... bisher war er behütet von seinen Eltern und bekam sein Futter von ihnen ... er hat vielleicht schon die eine oder andere Gefahr überstanden ... jetzt sitzt er am Rand des Nestes, um Fliegen zu lernen ... irgendetwas hat ihn dazu gebracht, heute aus der Wärme der Federn herauszuklettern und sich auf den Rand des Nestes zu setzen ... während du hier die Ruhe genießen kannst und mit jedem Ausatmen immer mehr entspannst, sitzt er da oben und weiß nicht so recht, wie es weitergeht ...

nie zuvor hat er gesehen, wie hoch oben das Nest ist und wie tief unten der Boden ... er ist noch nie geflogen, sein Verstand hat keine Ahnung, wie er das anstellen soll, sicher da unten anzukommen ... niemand hat ihm je mit Worten erklärt, was er zu tun hat, um sich zu schützen ... er hat zwar schon oft den Eltern beim Fliegen zugeschaut, wenn sie vom Nest weggeflogen sind und wieder zurückkamen ... im Schnabel trugen sie meist etwas zu essen für ihn ... er hat im sicheren Nest auch schon mit seinen kleinen Flügeln geschlagen, aber das geschah einfach so, nicht, um wirklich zu fliegen ...

und nun sitzt er da oben und hat den Drang, seine Flügel auszubreiten und in die Welt zu fliegen ...

er hat Angst vor dem Absprung, dieses Gefühl kennt er gut ... wenn ein großer fremder Vogel sich seinem Nest genähert hat, dann hat er sie schon erlebt ... neben seiner Angst gibt es aber auch ein Gefühl der Sicherheit, das kann er sich gar nicht erklären, tief in ihm ist er trotz der Angst sicher, dass er fliegen kann ...

und er lauscht auf diese innere Stimme, die tief aus seinem Inneren kommt. Es ist ein Gefühl wie eine vertraute Stimme, das ihm sagt, dass der Boden da unten für ihn keine Gefahr darstellt, dass seine Flügel ihn tragen werden, einfach weil er ein Vogel mit zwei Flügeln ist ...

und er beruhigt sich allmählich, beginnt dem Gefühl zu vertrauen ... er schaut nach oben und hört nun auch außerhalb eine Stimme, es ist der Wind, der zu ihm spricht ... seine Stimme kennt er gut vom Spiel mit den Blättern und mit den Zweigen des Nestes und in seinen Federn auch ... der kleine Vogel lauscht und hört ihm zu, wie er mit seiner verwehten Stimme zu ihm spricht ... er sagt ihm, dass er sich ruhig fallen lassen könne, dass er nur seine Flügel ausbreiten müsse, um von ihm getragen zu werden, und dass sie es gemeinsam schaffen werden ...

der Wind spricht besänftigend und voller Vertrauen in die Fähigkeiten des kleinen Vogels ... er erzählt ihm von den unzähligen anderen kleinen Vögeln, die sich auch fürchteten und dann erstaunt waren, wie gut sie fliegen konnten, wie sicher ihre noch völlig unbewusste Fähigkeit sie getragen hat, schon vom ersten Flug an ... er sagt ihm, dass jeder Vogel es von innen heraus weiß, wenn er bereit ist zu fliegen ...

und so lauscht der junge Vogel wieder in sich hinein, ganz gründlich, und er merkt dabei immer deutlicher, dass er weiß, dass er es kann ...

und weil er auf diese Weise lernt, sich zu vertrauen, will er den schönen, sonnigen Morgen nutzen und den entscheidenden Schritt tun ... die Sonne ist schon ein Stück nach oben gestiegen, sie erwärmt die Blätter und die Luft ... sie scheint zwischen den Blättern hindurch und wirft ihr Licht nun auch auf den Vogel, wärmt seine Flügel und seine Seele ...

schließlich flattert er zur Probe mit seinen Flügeln und lauscht dabei auf sein Gefühl ... er spürt, wie seine Füße vom Nestboden abheben und bekommt ein gutes Gefühl für die Kraft seiner Flügel ...

wieder ist er sicher, dass er fliegen kann ... und so breitet er die Flügel aus und legt sich auf den Wind ... er spürt, wie seine Krallen den Baum verlassen, und im Fall, noch auf der Höhe des sicheren Astes, verliert er mit dem Halt auch seine Angst ... sie ist einfach weg ... kaum hat er auf sein Gefühl gehört und das getan, wovor er Angst hatte, ist sie verschwunden, die Angst ... die Sonne scheint warm auf sein Gefieder, das farbig schimmert ...

der Vogel freut sich an seiner Leichtigkeit und dem Rauschen der Luft ... er spürt nun, wofür er geboren ist und was ihm am meisten Freude bereiten wird in seinem Leben ... es ist das Fliegen, sich im rechten Moment fallen zu lassen und auf seine Fähigkeiten zu vertrauen ...

er lernt, seinem inneren Wissen zu vertrauen und es weiterzuentwickeln, er nutzt seine Flügel ... sie bremsen seinen Fall und tragen ihn auf der Luft ... er selbst fängt sich sanft auf, fliegt Kurven und gleitet aus dem Schatten der Bäume hinaus, in das volle Licht der Sonne hinein, steigt hinauf in das tiefe Blau des Himmels und lässt sich wieder fallen ... und weil es so schön ist und alle Angst ihn verlassen hat, spielt er mit dem Wind ... er lässt sich trudeln, fängt sich wieder auf und flattert und gleitet mal hierhin und mal dorthin, wie ein vom Wind getragenes Blatt folgt er eine Zeit lang den Luftströmungen, um sich dann wieder dagegenzustellen und in der Luft zu stehen, stolz auf seine Kraft ...

nach einiger Zeit entdeckt er einen hohen Felsen, auf dessen warmer Oberfläche er sicher landet ... er hat einen weiten Blick in die Landschaft von dort oben, während er sich gleichzeitig ausruht und erholt ...

und so genießt er seine neu entdeckte alte Fähigkeit noch einmal in aller Ruhe, um dann schließlich zurück in sein Nest zu fliegen, in seine Geborgenheit ... und er kehrt umso lieber zurück, weil er nun weiß, dass er es jederzeit wieder verlassen kann, dass er sich selbst und seinem Gefühl vertrauen kann ...

und so bringst du von diesem Ausflug auch Frische und Erneuerung mit, während du dich nun in deiner eigenen Geschwindigkeit hierher zurückorientierst ...

Abtropfen lassen

Es gelingt leicht, sich an die Regentropfen in der Natur zu erinnern. Sie fallen irgendwann von den Blättern auf den Boden. Indem dieses Wissen zugelassen wird, können auch eigene Lasten von einem selbst abfallen, gefördert durch einen Vergleich mit den Wassertropfen.

Ein Gewitter bringt viel in Unordnung, aber danach kommt eine Zeit der Stille, und die Dinge harmonisieren sich wieder.

Themenvorschläge für das vorausgehende Gespräch: *Hast du schon einmal beobachtet, wie Regentropfen das Gras auf einer Wiese nach unten drücken? Kannst du dir vorstellen, wie es sich anfühlt, wenn solche Tropfen auf dem leichten Grashalm liegen? Stell dir vor, wie es sich anfühlt, wenn ein Tropfen nach dem anderen abrutscht und das Gras leichter wird und sich wieder aufrichtet. Warum bricht das Gras nicht?*

... während du es dir jetzt bequem machst und mir ein paar Minuten zuhören kannst, erinnerst du dich vielleicht an einen Gewitterregen auf einer Wiese und die Zeit danach, wenn es aufgehört hat zu regnen und die Sonne wieder durch die Wolken scheint ...

nach dem Regen liegen auf den Grashalmen kleine und große Wassertropfen ... irgendwie rutschen und fallen sie nach dem Gewitter schnell oder langsam herunter ... ... die Grashalme sorgen für sich selbst und werden sie irgendwie los ...

nachdem der einzelne Grashalm sich so viel Wasser genommen hat, wie er braucht, fallen die Wassertropfen auf den Boden, mit einem lauten Platschen, manchmal ...

und nachdem die Aufregungen und Anstrengungen des Tages für den Moment erst einmal vorüber sind, kannst du dich für ein paar Minuten ausruhen ... die Sorgen und Gedanken tropfen und rutschen jetzt von dir ab, fallen zu Boden, manche mit einem deutlichen Gefühl der Erleichterung ...

und die Zeit lässt die Tropfen allmählich verdunsten. Sie lösen sich jetzt auf, in der Wärme der Sonne ...

und mit jedem Tropfen, der fällt oder rutscht, wirst du innerlich freier und klarer und kannst dich für die Ruhe öffnen, für die Erleichterung, diese Dinge hinter dir zu haben ... so wie die schweren und dunklen Wolken sich öffnen, nachdem sie ihr Gewicht auf die Erde regnen ließen, um die Sonne durchzulassen, die mit ihrem hellen Schein den Schatten auflöst und die Dinge bis nach innen erwärmt ...

es arbeiten verschiedene Dinge an diesen Veränderungen ... der Wind zieht die Wolken auseinander, und die Sonne scheint kräftig von oben und öffnet mit ihrer Wärme und ihrem Licht die Wolken ... so kannst du jetzt den Moment genießen, während du einfach nur hier bist, angenehm schwer oder leicht und wohlig warm ...

und ich weiß nicht, wo in deinem Körper du dich im Moment so richtig gut fühlst ... oft ist es besonders intensiv im Bauch, das gute Gefühl, warm kribbelnd, als ob die Sonne dort leichter hineinkommt und im Bauch eine eigene kleine Sonne erschafft, die ihre Strahlen in alle Richtungen in den Körper schickt ...

der Nacken und die Schultern können ihre Spannung loslassen, der Druck fließt ab ... in dir entsteht Platz für die Freude, dich mit dir selbst wohl zu fühlen, in der eigenen Wärme ... dein Atem fließt frei und frisch ... du kannst dich sinken lassen, kannst dich öffnen für Träume und Licht, während du einfach hier liegst, in der Wärme und Geborgenheit des Raumes, angenehm schwer und wohlig warm ...

während noch immer hin und wieder ein Tropfen herunterfällt ...

und so kannst du die Ruhe nach einem lauten Gewitter genießen, lässt sie sich ausbreiten, in alle Winkel deines Körpers, kannst einfach dich selbst genießen ... dabei vielleicht die Kraft spüren, die aus der Ruhe erwächst, durch sie geboren wird und in ihr größer wird ...

und nun wirst du Frische und Kraft mitbringen, während du dich jetzt wieder hierher zurückorientierst und dabei mit jedem Einatmen frischer und klarer wirst ...

Energieschmetterlinge

Wir wissen, dass Energie nie verloren geht, sondern sich verwandelt. Es gibt viele potenzielle Energiequellen, die wir uns erschließen können. Entspannung gehört dazu. In ihr wird mehr Kraft gewonnen als verbraucht.

Entspannung hat viele Gesichter. Die vielleicht beste Möglichkeit, Energie zu erhalten, ist der Schutz vor Verlust durch unnötige Prozesse wie Ängste und Ärger.

Themenvorschläge für das vorausgehende Gespräch: *Was ist Energie? Wie zeigt sie sich in deinem Körper? Wie verbrauchst/vergeudest du sie und wie kannst du Energie gewinnen oder sparen?*

... während du dich jetzt ausruhst, baut sich in dir neue Kraft auf ... das geschieht in jeder Ruhe, besonders nachts im Schlaf ...

die Geräusche werden abends irgendwann weniger, während die Dunkelheit sich langsam auf die Erde senkt und die Nacht ankündigt, mit der die tiefe Ruhe kommt ... Reste des Sonnenlichts erleuchten den Himmel noch, und in dem Maß, in dem die Sonne geht, kommt die Nacht näher, und die Ruhe beginnt, sich auszubreiten ... sie wird mit jedem Ausatmen ein Stückchen tiefer ...

und während die Ruhe sich also ausbreitet, fällt die Spannung ab vom Körper, und sie fällt auch heraus aus den Gedanken, sie fällt aber nicht auf den Boden ... aus jeder Spannung, die der Körper loslässt, könnte ein kleines farbiges, fast durchsichtiges Kügelchen werden, ähnlich wie eine Seifenblase, aber weniger durchsichtig ... und dann kommt ein winziger, uns unbekannter Schmetterling, er ist ebenfalls farbig, bunt schillernd ... er sammelt dieses Kügelchen auf und nimmt es mit ... für jedes Kügelchen kommt ein Schmetterling ...

und anfangs, wenn viel Spannung abfällt, herrscht deshalb ein reges Treiben bunter Schmetterlingsflügel um dich herum ... viele bunte Schmetterlinge kommen ... sie sammeln alle Energiekügelchen auf, damit keine Energie verloren geht ...

und während du dich jetzt also gründlich erholen kannst und die Spannung mehr und mehr von dir abfällt, tragen die Schmetterlinge die übrige Energie davon ...

diese Schmetterlinge wohnen in den Bäumen, immer ganz oben in den höchsten Spitzen der Äste und Zweige ... dort laden sie ihre Kügelchen ab ... sie gehen sehr sorgfältig damit um, bewahren sie für dich auf ... und manchmal, wenn keine Bäume in der Nähe sind oder diejenigen, die in der Nähe sind, schon alle beladen sind, dann fliegen sie weiter und suchen sich andere ... und wenn gar keine leeren Bäume zu finden sind, dann legen sie die Kügelchen in Grasnester auf Hügel oder in kleine Höhlen im Inneren von Steinen oder Felsen ...

und dort, wo besonders viele Kügelchen liegen, kannst du manchmal, wenn du aufmerksam hinschaust, nachts ein Leuchten sehen, denn diese Kügelchen sind pure Energie ... sie sind Kraft, die in dir geboren wurde, aus der Natur heraus ... und in Momenten wie jetzt, wenn du die Spannung in dir loslässt, wird sie wieder zurückgebracht in die Natur ... während dieser wichtige Austausch abläuft, kannst du dich einfach hier wohl fühlen ... denn es ist nicht wichtig, dass du mir bewusst zuhörst, während du dir vielleicht die Schmetterlinge vorstellst ...

und irgendwann kommt wieder der Zeitpunkt, da hat sich die meiste Spannung schon gelöst, und eine wohlige, umfassende Ruhe hat sich in deinem Körper, in deinen Gedanken ausgebreitet ... dein Geist ruht auf einem weichen Bett, alles ist warm eingehüllt und geborgen ... und die vielen kleinen Schmetterlinge sind nun auch zur Ruhe gekommen ... einige von ihnen sitzen in der Nähe, damit kein Kügelchen verloren geht ...

Und während du dich erholst, kann die Energie jetzt frei in dir pulsieren ... dein Körper sorgt für dich ... dort, wo es nötig ist, werden Zellen erneuert, Krankheiten werden geheilt, alles wird gründlich überholt, manches erneuert ...

und wenn die Bäume voller Kügelchen sind, dann fangen sie erst an sanft zu schimmern, dann so richtig zu leuchten, und nicht jeder sieht es zu jeder Zeit ...

und mit dem Aufgehen der Sonne morgens lösen sich die Kügelchen ... sie fliegen hoch zur Sonne, werden von ihr aufgenommen und werden irgendwann später, dann, wenn wir es brauchen, über die warmen Strahlen der Sonne wieder zu uns zurückgesandt und durch unsere Haut und die Augen wieder aufgenommen in unseren Körper und in unsere Seele ...

so ist an diesem ewigen Kreislauf auch die Sonne beteiligt und die farbigen Schmetterlinge um uns herum ...

deshalb wirst du dich jetzt behutsam und vollständig wieder hierher zurückorientieren, dabei ganz wach werden, um deine Kraft sinnvoll für dich zu nutzen ...

so dass du mit jedem Atemzug wacher und frischer wirst, um nachher, später, wenn du zu Bett gehst, irgendwann heute Abend, einen tiefen und erholsamen Schlaf zu haben, in dem viel Energie in dir geboren wird ...

Weiche Steine

Steine haben oft etwas Geheimnisvolles. Ihre Formen und Farben können die Fantasie anregen. Sie sind sehr alt und nur schwer zu verändern. Eine aus Steinen gepflasterte Straße besteht während vieler Menschenleben, und wenn sie ein Bewusstsein dafür hätten, würden Steine vieles erleben. Die Vorstellung, Steine könnten beispielsweise Gefühle aufnehmen und auch abgeben, lenkt die Aufmerksamkeit auf die eigenen Gefühle und hilft, die einen loszulassen und die anderen anzunehmen.

Themenvorschläge für das vorausgehende Gespräch: *Gibt es Steine, die dir gefallen? Welche sind das? Wofür kann man Steine verwenden? Kennst du Straßen aus Steinen? Wer oder was benutzt diese Straße? Welche Tiere sind schon darauf gelaufen? Welche Schuhe sind schon darauf gelaufen?*

... und weil du weißt, wie gut es tut, wenn du dich ausruhst, kannst du dich so hinsetzen oder hinlegen, dass du dich jetzt ausruhen und erholen kannst, während du mir zuhörst ... ... und du kannst dir vorstellen, wie in einem Traum, wie du auf einem alten Weg gehst, über Pflastersteine ... auf dieser Straße gibt es keine Autos ... du kannst dich vielleicht sogar erinnern, wie sich deine Schritte anhören, wenn du über Steine gehst ... von den Hauswänden kommt der Hall deiner Schritte zurück ...

du spürst die leichte Erschütterung, wenn dein Fuß einen Schritt macht, sie ist spürbar über deine Beine bis hinauf in die Schultern und deinen Kopf, bei jedem Schritt auf dem alten Pflaster des Weges ...

du kannst die Wärme genießen, der Tag ist sonnig ... wenige Menschen sind unterwegs, und so kannst du in der Vorstellung dahinschlendern, ruhig und gelassen ... und dabei die Pflastersteine unter deinen Füßen spüren, die Unebenheit der Steine, denn jeder Stein ist anders geformt ...

und der Gedanke mag vorüberziehen, wie viele Menschen auf diesen Steinen schon vor dir gelaufen sind und welche Kleidung sie trugen ... ... welche Gedanken und Gefühle sie hatten ... waren sie in Eile oder ließen sie sich Zeit ... strebten sie von etwas weg oder zu etwas hin ... mit welchen Schuhen traten sie auf die Steine ... oder liefen sie vielleicht barfuß und spürten die Wärme der Steine an ihren Fußsohlen ...

und falls Steine fühlen und denken könnten, was fühlten und was dachten die Steine wohl über die Menschen, die leicht und flüchtig über sie hinwegliefen ... ... und ob die Steine etwas spürten von dem, was in dem, der über sie lief, vor sich ging ... wenn ein trauriger Mensch über sie geht ... vielleicht nehmen die Steine die Traurigkeit auf wie ein Schwamm ... ... und so wird der Schritt des Traurigen dadurch ruhiger und leichter, er wird entlastet von seinen düsteren Stimmungen und Gedanken, bei jedem Schritt wird er etwas leichter ...

die Freude strahlen die Steine in die Füße und den Körper wie ein Spiegel ... die Steine nehmen die Freude aus der Erde und bekommen sie von der Sonne und strahlen sie in den Fuß, der auf ihnen läuft, und machen so den Schritt eines Menschen leichter ...

und so kommst du nach einiger Zeit gemütlich schlendernd und mit leichtem Schritt zu einem schönen Platz, der zum Teil in der Sonne liegt, und du kannst dich dort auf eine Bank setzen und schaust dir diesen Platz, der da vor dir liegt, in aller Ruhe an, die alten Häuser, die ihn einrahmen mit ihrer langen Geschichte, der Schatten, den die Bäume werfen ... ... und dort, wie ganz natürlich hingewachsen, eine Kirche, hier und da stehen Bäume, und du genießt dabei jetzt die Ruhe, bist vielleicht etwas schläfrig, kannst dich in Gedanken bequem auf die Bank legen, das Dach des Himmels über dir sehen, vielleicht einen großen Vogel, der in der Tiefe des Himmels seine weiten Kreise zieht ... könnte man seinen Weg am Himmel sichtbar machen, dann wäre es ein interessantes Muster ...

und irgendwann werden deine Augenlider schwerer, sie fallen vielleicht sogar für eine Zeit zu, und du lauschst noch den Geräuschen des Platzes, dem Plätschern des Brunnens neben der Bank ... und kannst dich ein Stück treiben lassen, in eine angenehme Ruhe hinein, mit dem Ausatmen ein Stück tiefer, die wichtigen Dinge geschehen lassen, als gelassener Beobachter aus deiner tiefen Ruhe heraus ...

und wirst dann allmählich wieder wach, du fühlst dich wohl und ausgeruht und wirst dich jetzt wieder hierher zurückorientieren, ganz in deiner eigenen Geschwindigkeit in den nächsten ein bis zwei Minuten, in diesen Raum und in diese Zeit ... ... und du bringst einiges von der tiefen Ruhe mit, die sich als Gelassenheit im ganzen Körper wiederfindet ... und mit dem Öffnen deiner Augen wirst du wieder ganz wach ...

Töne neu streichen

Diese Geschichte lenkt die Aufmerksamkeit auf das Hören und auf die Beteiligung der Ohren, des Gehirns und die Interpretation bei dieser Wahrnehmung. Sie impliziert, dass Wahrnehmungen sich verändern können. Diese Anregung hilft die eigene Veränderbarkeit anzunehmen und zu nutzen.

Themenvorschläge für das vorausgehende Gespräch: *Welche Musik hörst du gerne? Welche Musikinstrumente machen hohe Töne und welche tiefe? Wenn du die Töne anstreichen würdest, welche Farbe würdest du für die hohen Töne nehmen und welche für die tiefen?*

... und es gibt immer irgendwo Geräusche zu hören ... manchmal ist es ein Chaos vieler Geräusche, manchmal ist es schöne und entspannende Musik ... und während die Musik noch in deinen Ohren nachklingt, kannst du sie in deiner Erinnerung genießen, und dein Körper erholt sich dabei gründlich ...

wie wäre es wohl, wenn die Töne farbig zu deinen Ohren kämen ... jeder Ton, jedes Wort hätte eine eigene Farbe ... wenn sie zu deinem Ohr kommen, sind sie wie ein farbiger Hauch ...

schöne Worte haben eine andere Farbe als andere Worte ... die schönen Worte sind vielleicht kräftiger in ihren Farben ... sie sind blau und gelb und grün und violett ... die uninteressanten Worte haben blasse Farben oder sind sogar grau ... sie verklingen schnell, werden blass und verwehen ...

und leise Worte sind auch blasser, vielleicht schmaler und kleiner ... sie alle sind auf dem Weg in deine Ohren und tiefer hinein über das Trommelfell in das Gehirn, wo sie gehört werden ... das Ohr lässt sie rein, und das Gehirn sortiert sie ... in seinen vielen Windungen kann sich das Unwichtige verlieren ... wirklich zu Hause sind die Töne vielleicht in den Rippen des Körpers, wer weiß das schon ... dort fühlen sie sich wohl, und von dort geht ihre Wirkung aus, vielleicht ...

und nach dem Eintritt in das Gehirn werden die farbigen Geräusche in verschiedene Richtungen geschickt ... und auf ihrem Weg verändern sie auch die Farbe, die sie bisher hatten ... und wie es wohl wäre, wenn irgendwo auf dem Weg, den die Töne nehmen, ein paar freundliche Maler stehen würden ... und jeder Ton, der käme, würde in der gleichen Farbe gestrichen, so dass sie am Ende alle gleich aussehen, so ähnlich wie ein Auto, das umlackiert wird, so dass sie sich schließlich nur noch in ihrer Größe und Form unterscheiden und in ihrem Gewicht ... aber das Gewicht ist unwichtig, denn welches Ohr wiegt schon jeden Ton, der da hereinspaziert ... und wie wäre es, wenn alle Töne weiß gestrichen würden, hell und sauber, wie würden sie dann wohl klingen ... ... oder in verschiedenen Blautönen, hell und dunkel ...

und vielleicht würde deine Kraft wachsen, wenn sie alle rot wären ... ... und wenn die Maler allen ein gelbes Kleid geben würden, wie Löwenzahn im Frühling ... und die gelben Töne freuen sich vielleicht über ihr neues Kleid und verbreiten eine schöne Stimmung, hell und leicht, nicht nur in den Ohren, auch in der Nase, im Bauch, im Herz, bis in die Finger und Zehen und natürlich auch in den Rippen, wenn sie dort wohnen ... im ganzen Körper fühlen sie sich wohl und verbreiten farbige Freude ...

und so breiten sich die schönen Farben weiter aus in dir, geben dir Kraft und Freude und farbige Ideen ... und die schönen Gefühle sind je nach Farbe anders ...

während du einfach nur hier bist, dich in deinem Körper wohl fühlst, die Töne kommen lässt, die großen und die kleinen, die schweren und die leichten, sie eintreten lässt, ihre Verwandlung beobachten kannst und ihre Farben genießt ...

um dann allmählich jene Farben zu sammeln, die dir helfen wach zu werden, damit du dich darin wohl fühlst, in einer ruhigen und frischen Klarheit ...

um nun in deiner eigenen Geschwindigkeit wieder hierher zurückzukommen, jetzt, ruhig und klar in den Alltag zu gehen ...

Wenn Knie sehen könnten

Mit dieser Geschichte kann die Welt aus der Sicht der Knie gesehen werden. Diese Vorstellung erweitert die Perspektive, lockert durch den darin enthaltenen Humor auf und regt dazu an, normalerweise lediglich benutzte Körperteile auch einmal bewusst zu würdigen.

Themenvorschläge für das vorausgehende Gespräch: *Wie fühlen sich im Moment deine Knie an? Welches von beiden spürst du deutlicher? Wozu braucht man Knie? Was würden sie sehen, wenn sie Augen hätten? Was könntest du tun, um ihnen eine Freude zu machen?*

... während du dich jetzt locker hinsetzen kannst, die Arme und Beine hängen lässt, kannst du es jetzt deinen Knien überlassen, die für sie beste Haltung zu finden, in der sie sich am besten erholen können ... denn es tut gut, auch die Knie loslassen zu dürfen, nach den vielen Bewegungen ...

dabei kannst du deine Fantasie treiben lassen und dir einmal vorstellen, in einem Bus zu fahren ...

und wie mag aus der Sicht der Knie eine Busreise aussehen, während deine Augen viel weiter oben sind als die Knie ... sie können so vieles sehen, wenn du aus den großen Busfenstern schaust ... da sind andere Autos auf der Straße, große und kleine Häuser, hohe graue Berge und grüne Täler, Flüsse, die sich durch die Landschaft schlängeln, Tiere und Menschen in ihren farbigen Kleidern, das Spiel des Lichts, der Himmel und anderes ...

während deine Augen in einem Bus all das sehen können und deine Ohren die üblichen Geräusche hören, genießen deine Knie vielleicht die Dunkelheit, da unten hinter dem Vordersitz, genießen es, sich ausruhen zu können und nichts sehen zu brauchen, vielleicht träumen sie dabei von etwas Schönem ...

und wie mag es für ein Knie sein, für das linke oder das rechte, wenn es einem anderen Knie gegenübersteht, einem fremden ... wer weiß schon, wie seine Knie das sehen ... gefallen ihm andere Knie besser als das eigene Nachbarknie ... oder ist ihnen das Aussehen gleichgültig ... sind vielleicht andere Dinge wichtiger als das Aussehen, für deine Knie ...

und so strömt eine wohlige Wärme auch durch deine Knie, die sich auf ihre Art dem Moment anpassen, sich erholen und träumen mögen, von der wohltuenden Wirkung warmen Sandes, von weichen Decken, von kraftvollen und geschmeidigen Bewegungen, während wohlige Wärme sie umgibt und durchströmt und sie die Erholung zulassen können, jetzt ...

und weil der Atem seine Wärme von innen bringt, reinigt er gleichzeitig ... und die Knie sammeln Kraft auf diese Weise, freuen sich auf all das, was Knie eben so erfreut ... vielleicht gehört auch ein Bad dazu, im Meer, im salzigen Wasser, kühl umspült, oder in der Badewanne, in weicher Wärme ...

und so können es auch deine Ellenbogen genießen, dass es deinen Knien gut tut ... schließlich sind sie die Knie der Arme, irgendwie ...

und jetzt bringst du auch in deinen Knien Frische und Erneuerung mit, während du mit jedem Einatmen wacher und klarer wirst, jetzt, in deiner eigenen Geschwindigkeit, so wie es dir gut tut, jetzt ...

Ruheraum

Ein innerer Ruheraum hat viele Vorteile. Er ist stets erreichbar und kann (sollte) so eingerichtet werden, dass er das ideale Wohlgefühl und die ideale Erholung bringt. Wenn Ängste oder die Unruhe zu stark wird, kann er aufgesucht werden und Ruhe und Erholung bringen. Aus ihm heraus kann der Alltag distanzierter betrachtet werden.

Themenvorschläge für das vorausgehende Gespräch: *Wie müsste ein Ort aussehen, damit er dir wirklich gut gefällt und dir alles gibt, was du brauchst? Was müsste dort sein, damit du dich erholen kannst? Welche Farben, welche Möbel, von wo kommt das Licht? Wie wird er geheizt?*

... während dein Körper sich jetzt entspannt, kannst du dich an die Wirkung schöner Träume erinnern ... nachts träumst du oft Bilder oder kleine Geschichten, die dir gut tun ... und das kannst du jetzt zulassen ... während du dich entspannst, kannst du das zulassen, was dir gut tut ...

manchmal wäre es gut, einen inneren Ruheraum zu haben, in den man sich zurückziehen kann, wann immer man will ... und weil es sowieso nur ein geträumter Raum ist, kannst du ihn dir einrichten, wie du willst ...

wenn du ihn dir vorstellst, dann ist es natürlich ein Raum, der dir sehr gut gefällt, in dem du geschützt bist, sicher und geborgen ...

und in deinem Ruheraum, der eine Höhle, aber auch ein Haus oder ein Zimmer sein kann, wird liebevoll mit dir umgegangen, und das ist auch wichtig und richtig so ... und so kannst du diesen Raum jetzt betreten und einrichten ... ich weiß nicht, wie dein Raum aussieht ... es könnte ein komfortables Hotelzimmer sein, ein kleines Zimmer in einer Burg, umgeben von dicken Mauern, eine Höhle auf einer Insel, wie Robinson sie vielleicht hatte, oder auch ein abgelegenes Kloster-zimmer, geschützt von Gott ... vielleicht ist der ganze Raum hell ... be-stimmt steht eine schöne Liege darin, mit einer sauberen und warmen Decke ... und er riecht so, dass deine Ruhe tiefer werden kann und es dir gut tut ... ich könnte mir vorstellen, dass da irgendwo Blumen einen guten Geruch in die Luft abgeben, der deiner Nase gut gefällt ...

vielleicht hat der Raum auch einen besonderen Geschmack der Ruhe, wenn es das überhaupt gibt, und eine Farbe der Ruhe ... vielleicht möchtest du dich jetzt einmal damit beschäftigen, in den nächsten Minuten, das herauszufinden, während du dich auf allen Ebenen gründlich ausruhst und erholst ...

dieser Raum ist nur für dich ... wenn du es willst, kannst du jeman-den mitnehmen, aber niemand kann hinein, wenn du es ihm nicht erlaubst ... von dem Raum aus kannst du alles, was draußen ist, sehr gut sehen ... überall sind Fenster, die du aber auch so verschließen kannst, dass du nur noch das Innere siehst ... von außen kann nie-mand hineinsehen, wenn du es nicht willst ...

du kannst dir jetzt vorstellen, dass du dich in diesem Raum der inneren Ruhe auf die weiche und warme Decke legst und dich so tief in deine

Ruhe hineinsinken lässt, wie es für dich im Moment richtig ist, damit deine Gesundheit gefördert und geschützt wird ...

und dein Körper ist ein wahrer Künstler ... er weiß, was er tun muss, damit deine Gesundheit jetzt optimal gefördert wird ... und zwar die körperliche und die psychische Gesundheit ... damit alles in dir sich so zusammenfügt, dass es für deine Gesundheit gut ist ...

und vielleicht merkst du, dass du in diesem Raum viel Erfrischung findest, eine sehr tiefe Erholung ... sobald du ihn dir nur vorstellst, kann die Erholung sich schon in dir ausbreiten ...

wie du es aus guten Nächten kennst, tiefe Ruhe und Erholung in deinem ganzen Körper, auch im Denken ...

der Kopf wird frei, wohltuende Stille kommt, manchmal verbunden mit schönen Bildern ... Energie sammelt sich in dir für die wirklich wichtigen Dinge, während du dich ausruhst ...

und später, in deinem Alltag, wird es genau so sein ... sobald du nur an deinen Ruheraum denkst, kannst du spüren, wie eine tiefe Erholung, mit allem, was dazu gehört, sich in dir ausbreitet und dir gut tut ...

deine Muskulatur wird sich lockern, deine Gedanken werden frei, und ein tiefes Gefühl der Erholung breitet sich in dir aus, einfach indem du an deinen inneren Ruheraum denkst, den du immer bei dir hast ... und während du dich beruhigst, siehst du die Dinge um dich herum klarer, so dass du weißt, wie du mit ihnen umgehen musst, damit es dir gut tut ...

und weil das so ist, beginnst du jetzt damit, diese Dinge für den Moment abzuschließen, nimmst dir dafür ausreichend Zeit in den nächsten ein bis zwei Minuten ... stehst in deinem Ruheraum jetzt allmählich von deiner Unterlage auf, und während du jetzt hierher zurückkehrst, in deiner eigenen Geschwindigkeit, wirst du mit jedem Einatmen frischer und klarer ...

und mit dem Öffnen deiner Augen bist du ganz wach ...

Helfer

Kinder haben noch häufiger als Erwachsene das Gefühl der Hilflosigkeit. Weil sie noch nicht so viele Fertigkeiten entwickelt haben, um mit Schwierigkeiten umzugehen, fühlen sie sich häufiger hilflos. Die Vorstellung, innere Helfer zu haben, beruhigt und fördert dadurch Selbstvertrauen, das wiederum einen leichteren Zugang zur eigenen Kreativität eröffnet.

Die inneren Helfer gibt es aber auch tatsächlich. Sie finden sich in den Fähigkeiten unseres Körpers und unserer Psyche, mit Krankheiten oder auch äußeren Problemen fertig zu werden. Viel zu oft vertrauen wir diesen Fähigkeiten zu wenig und suchen Hilfe bei anderen.

Es ist wichtig, Kinder auf die Suche zu schicken nach ihren eigenen Fähigkeiten und ihr Selbstvertrauen zu stärken, damit sie möglichst viele Probleme aus sich selbst heraus lösen können.

Themenvorschläge für das vorausgehende Gespräch: *Wenn du eine Erkältung hast, wodurch wirst du dann wieder gesund? Wie würdest du dir deine Abwehrkräfte vorstellen, wenn du ihnen eine Gestalt geben würdest?*

... und immer, wenn wir uns zurücklehnen und vielleicht sogar die Augen schließen, breitet sich Ruhe aus ... aus sich selbst heraus ... ... aus vielen Erfahrungen damit weiß dein Unbewusstes, weiß dein Körper, was zu tun ist, damit die einzelnen Muskeln sich aus der Spannung lösen können, damit deine Atmung ruhiger wird ... ... und all die anderen Prozesse in deinem Körper ineinander greifen, die notwendig sind, damit eine tiefe und erholsame Ruhe sich ausbreiten kann ...

und in dieser Ruhe haben die Dinge des Tages, das, was heute geschehen ist, auch ihren Platz ...

und in der tiefen Ruhe kann die Fantasie ihren farbigen Teppich ausbreiten, unter deinem Kopf und vor deinen Augen ... ... und die Farben verdichten sich zu Landschaften und Gefühlen und verweben sich vielleicht auch zu Geschichten ...

und wie es wohl wäre, wenn es Helfer in unserem Körper gäbe, die uns stets freundlich zugewandt sind, alles für uns tun, was uns gut tut ... und so kannst du dir vorstellen, während du einfach nur hier bist und dich angenehm schwer fühlst, oder leicht und wohlig warm ... ...
... auf einen schönen Platz auf einem geschützten Hügel zu gehen ...

der Platz ist umgeben von Büschen und Blumen ... er ist warm, und irgendwie fühlst du dich sehr wohl dort ...

es gibt Baumstümpfe dort, vielleicht sogar bequeme Stühle und Bänke ... und so kannst du dich bequem zurücklehnen ... ... und auf die Helfer warten, die auch bald kommen, sich zu dir setzen, mit dem richtigen Abstand, der dir gut tut ...

sie lächeln dich freundlich an und fragen, wie sie dir helfen können ... sie warten geduldig auf deine Antwort ... sie haben richtig viel Zeit, denn ihre einzige Aufgabe ist es, dir zu helfen ... und so kannst du dich auf sie einstellen und es genießen, dass du dich wohl fühlst mit ihnen in dir ...

und du kannst überlegen, um was du sie bitten könntest, ob es einen Schmerz gibt, den du loswerden willst, oder eine Angst ... vielleicht stört dich eine Warze irgendwo oder auch nur eine schlechte Stimmung, vielleicht ein Husten oder zu viel Gewicht ... vielleicht hast du eine Frage wegen der Schule ...

und wenn du einen Husten hast, kannst du sie bitten, zu deinen Atemwegen zu gehen und sie sanft, aber wirksam zu öffnen, sie zu reinigen ... und so spürst du bald, dass mehr frische Luft einströmt, in deine Lungen, die dir gut tun ...

und vielleicht sind sie mit Schaufel und Besen und Schubkarre unterwegs, mit denen sie aufräumen ... sie haben immer das richtige Werkzeug dabei, sogar auch hochmoderne Laser, um sie einzusetzen, wenn es gut ist für dich ... vielleicht kennen sie einen Schalter, mit dem sie irgendwo die Muskeln entspannen können, so dass die Luft frisch in die Lunge strömt ...

und wenn du es möchtest, erklären sie dir alles ganz genau und geduldig ... und dabei haben sie schon damit begonnen, ihre Aufgaben zu erledigen, so dass du einfach nur in dir ruhen kannst, auf einem schönen Platz, angenehm schwer oder leicht und wohlig warm, während deine Helfer ihre Arbeit tun ...

sie empfinden es nicht als Arbeit ... es macht ihnen Spaß, denn ihr einziges Bestreben ist es, dir Gutes zu tun ... und deshalb sind sie immer fröhlich, denn sie sind nicht an die kleine Insel des Wissens und Verständnisses gebunden, die unser Verstand meist ausleuchtet und für die Wirklichkeit hält ... sie haben unvorstellbar viele Möglichkeiten, dir zu helfen und Dinge zu verändern ...

und vielleicht fragst du sie nach ihren Namen, während du dich jetzt mit deiner bewussten Aufmerksamkeit von ihnen verabschiedest und sie bittest, weiter für dich zu sorgen, was sie selbstverständlich und gerne tun werden ...

und so sammelst du jetzt deine Aufmerksamkeit für den Alltag und kommst in deiner eigenen Geschwindigkeit hierher zurück, wirst mit jedem Einatmen frischer und klarer und bist schließlich mit dem Öffnen deiner Augen wieder ganz wach ...

Haut reinigen lassen

In dieser Geschichte werden die Helfer gebeten, sich um die Haut zu kümmern. Die erwünschte Wirkung ist eine Stimulation der eigenen Heilkräfte. Diese Geschichte kann tatsächlich bei Hautkrankheiten helfen. Sie kann dann öfter angewandt werden, wobei es hilfreich ist, sie gemeinsam mit dem Kind so umzugestalten, dass es den Helfern Gestalt und Individualität verleiht. Bei häufiger Anwendung bekommt es auf diese Weise einen zunehmend schnelleren Kontakt zu seinen Heilkräften.

Themenvorschläge für das vorausgehende Gespräch: *Wozu ist Haut gut? Was hilft deiner Haut, was solltest du vermeiden, um sie zu schützen? Womit kann Haut verglichen werden (Putz am Haus, Rinde am Baum)? Wie fühlt es sich an, wenn die Haut gesund ist?*

... und nachdem du es dir jetzt bequem gemacht hast und auch die Augen schließen kannst, kannst du dich in deinen Fantasieteppich hineinsinken lassen ... so weit, wie es dir jetzt angenehm ist ... er hat am Anfang vielleicht ganz andere Farben ... sie können dunkler oder heller werden, wenn du dich tiefer entspannst, vielleicht auch weicher ... und ich weiß nicht, wie deine Lieblingsfarbe aussieht, vielleicht möchtest du sie dir vorstellen und dich hineinlegen ...

denn sich in einen sehr weichen Teppich hineinzulegen, in eine schöne Farbe, ist eine schöne Vorstellung ... ... und so kannst du es jetzt genießen, während aus der Farbe schöne Bilder werden können oder auch leise Melodien, die dir gut tun, vielleicht ein Gefühl, wie auf leichten Wellen zu schaukeln ...

aus dem Fantasieteppich kann ein angenehmer Duft aufsteigen, der an den Frühling erinnert .... und wenn du dich ein Stück tiefer sinken lässt, so weit, wie es dir jetzt angenehm ist, kannst du deine inneren Helfer begrüßen, kannst dich freuen, dass sie bei dir sind, mit einem warmen Lächeln ... vielleicht trefft ihr euch in einem schönen Raum mit bequemen Sesseln und ruhigen Farben ...

es gibt Vögel, die helfen den großen Tieren, ihre Haut sauber zu halten ... bei den Fischen gibt es so etwas auch ... und auf deine Art bittest du deine inneren Helfer, sich auch um deine Haut zu kümmern ... hier und da muss sie erneuert werden ... sie entfernen Altes und schaffen neue, gesunde Haut ... manchmal setzen sich Pflanzen im Mauerwerk fest und schädigen den Putz ... und du bittest sie, auch nach solchen Stellen zu suchen und sie zu heilen, denn sie tun es gerne ...

und wenn ihre Arbeit schwieriger wird, weil viel zu tun ist, dann kannst du ihnen helfen, indem du dich tiefer sinken lässt, in eine angenehme Ruhe, in der du dich erholst, während sie ihre Arbeit tun ...

gerne möchten sie von dir hören, dass sie für dich sorgen sollen ... sie freuen sich, wenn du nach innen horchst und sie beachtest ... und so gibst du ihnen jetzt den Auftrag, deine Haut gründlich zu reinigen, die gesunden Stellen zu stärken und alles Schädliche schnell und gründlich durch gesunde Haut zu ersetzen ...

und weil es dir gut tut, in den schönen Farben des Teppichs zu liegen, für ein paar Minuten, kümmern sich deine Helfer jetzt überall um die Gesundheit deiner Haut ...

und ich weiß nicht, wie viel Haut in deinem Körper ist, denn das Herz und jedes andere Organ im Körper ist von Haut umgeben ... deshalb kümmern sie sich auch um die Gesundheit der Haut in deinem Körper, damit sie ihre Aufgaben erfüllen kann ...

und weil auch deine Psyche so etwas wie eine Haut hat, kümmern sie sich auch darum, damit Freude in dir ist ... sie singen dabei schöne Lieder, die dir gefallen und dir helfen, die Dinge zu verstehen, während du einfach nur hier bist, angenehm schwer oder leicht und wohlig warm ... während du dich im Moment gründlich erholst ...

und dann wirst du in deiner eigenen Geschwindigkeit wieder aus dem Teppich herauskommen, während die Helfer sich weiter um dich kümmern, um jetzt frisch und wach wieder hierher zurückzukommen, in den Alltag, um dich auch hier über die Farben zu freuen, die dich umgeben ...

Inneres Wissen

Jeder Mensch bringt ein inneres Wissen mit, das seinem Bewusstsein nur sehr begrenzt zugänglich ist. Dieses Wissen steuert unter anderem die grundlegenden körperlichen Vorgänge, die den Körper am Leben erhalten, die das Gedächtnis organisieren sowie Krankheiten verhindern und heilen. Im Vergleich mit dem bewussten, im Laufe des Lebens erworbenen Wissen ist dieses Wissen erheblich umfangreicher.

Während wir älter werden, erweitert sich auch das unbewusste Wissen. Leider legen wir zu wenig Wert darauf, mit dem inneren Wissen in Kontakt zu bleiben – obwohl wir es bei wichtigen Entscheidungen vielleicht mehr einbeziehen, als uns bewusst ist. Es ist unserer Gesundheit, unserer Wahrnehmung und Lebensqualität zuträglich, wenn wir wieder mehr mit uns in Kontakt kommen – und unsere Kinder lehren, mit sich in Kontakt zu bleiben.

Themenvorschläge für das vorausgehende Gespräch: *Was ist Wissen? Wenn du auf die Welt kommst, weißt du dann schon etwas? Gibt es Wissen in dir, von dem dein Verstand nichts weiß, das in dir ist, das du aber nicht erklären kannst? Wenn du eine kleine Wunde hast, wer heilt die dann? Erholst du dich besser in Ruhe oder wenn du dich richtig anstrengst? Warum fühlst du dich schlapp, wenn du krank bist?*

... und während du es dir jetzt bequem machst, kannst du dich irgendwie auch innerlich zurücklehnen, in eine angenehm lockere Haltung ... dabei spürst du unter dir die Unterlage, auf deiner Haut deine warme Kleidung ...

immer sind irgendwelche Geräusche zu hören, während du jetzt fühlen kannst, wo du dich am deutlichsten spürst, im Kontakt mit der Unterlage ...

und während du atmest, spürst du die Reibung der Kleidung auf deinem Bauch und am Rücken, und die Wärme der Haut an manchen Stellen deutlicher ...

und wie mag ein Baum seine Atembewegungen spüren ... ... denn irgendwie atmet auch er ... ... und es fließt etwas von dir durch den Baum, wenn du in seiner Nähe einatmest und wieder ausatmest und er einatmet, was du ausatmest, und umgekehrt ...

wenn er dir frischen Sauerstoff gibt, den er über seine grünen Blätter ausatmet, und ihr auf diesem Weg einander tief innen erkennen und verstehen könnt, einander fühlt auf einer Ebene und unbewusstes Wissen austauscht ...

und so ein Baum hat einen Bauplan in sich, nach dem er sich entwickelt, seine Größe, die Zahl seiner Äste und Blätter, die Dicke seiner Rinde und ihre Farbe, das Grün seiner Blätter, die Stärke seiner Wurzeln ...

tief in sich weiß er es, und er könnte es vielleicht sogar erzählen, wenn wir es verstehen könnten ... seine Wurzeln versorgen ihn aus der Tiefe unter ihm, sie verankern ihn dort ... er hat ein inneres Wissen, das seine ganze Gestalt mit bestimmt, ihn auf die richtige Weise Wasser und Nährstoffe in der Erde suchen und aufnehmen und transportieren lässt, von tief unten in der Erde nach ganz oben bis in jedes Blatt ...

und jeder Baum und jede Blume hat einen solchen Bauplan in sich, auch jedes Tier und jeder Mensch, von Anfang an, ein Wissen darüber, wie es gut ist zu leben ...

auch der Mensch hat ein tiefes Wissen über seine Gesundheit, weitgehend verborgen vor dem bewussten Verstand, darüber, wie die Dinge richtig sind im Körper, in der Seele und was er tun muss, um gesund zu sein und im guten Kontakt mit seiner Umgebung zu sein und mit sich selbst ...

und so kannst du dir erlauben, es dir vorzustellen, wie es ist, wenn die Dinge in dir gut laufen, auch jetzt, wie immer das auch funktionieren mag, wie es sich anfühlt, wenn die Kraft sich in dir entwickelt und richtig verteilt, so dass sie dir gut tut und deine Gesundheit schützt, so dass das, was dir nicht gut tut, losgelassen wird, oder sogar abgewehrt ... und vielleicht ist dieses Wissen in dir wie ein kleines Kind, das nicht viel weiß von Vernunft und Reichtum und Besitz, das aber fühlt, was gut ist und schön ... und so kannst du dieses wissende Kind jetzt in dir liebevoll begrüßen, es anlächeln, es in den Arm nehmen ...

und das, was es dir geben kann und möchte, ruhig annehmen, sich in dir ausbreiten lassen wie ein warmes helles Licht, in deinem ganzen Körper ...

so wie es sich anfühlen mag, wenn das Wasser aus der Erde durch den Baum strömt ... ... im Sommer kühl und erfrischend, im Winter warm und schützend, aus der gleichen Tiefe ...

auf diese oder eine ähnliche Weise kannst du dich selbst mögen und dir erlauben, dich zu lehren, mit offenen inneren Augen ... wie jemand, der auf die Erde gekommen ist, um mit Freude zu leben und zu lernen, voller Vertrauen und Liebe, jetzt und immer wieder ...

um dann mit einem Lächeln für dich selbst hierher zurückzukommen, mit dem Einatmen frisch und klar werden dabei ...

Die Kraft der Sonne hineinlassen

Jeder kennt die wohltuende Wärme der Sonne. Sie wirkt nicht nur angenehm entspannend, sie hilft auch gegen Schmerzen. Die Vorstellung, sie wirke tiefer in den Körper hinein, fördert die gesunden Prozesse auch in tieferen Schichten des Körpers.

Die Idee, der Verstand würde erhellt, ist angenehm und stimuliert darüber hinaus die eigene Kreativität.

Leider wird Kindern ihr unbeschwertes, heiteres Wesen oft schon sehr früh genommen. Fantasien helfen ihnen, sich Licht in ihrem Alltag zu bewahren. Eine heitere Stimmung wird auch als »hell« bezeichnet. Es ist allgemein bekannt, dass Sonnenlicht die Stimmung aufhellt – auch wenn man sich die Sonne nur vorstellt.

Themenvorschläge für das vorausgehende Gespräch: *Kannst du dich daran erinnern, wann du das letzte Mal einfach nur so in der Sonne gelegen bist? Wie fühlt sich das an? Wo magst du die Wärme der Sonne besonders gerne? Liegst du lieber im kühlen Schatten? Sehen die Farben* *in der Sonne anders aus als im Schatten? Riecht die Natur anders, wenn die Sonne scheint?*

... wenn du dich jetzt bequem hinsetzt (oder hinlegst), kann dein Körper zur Ruhe kommen, so dass du dich mit dem Ausatmen hinuntersinken lassen kannst, in eine angenehme Entspannung ...

und weil du das Gefühl kennst, wenn du entspannt bist, kannst du dich ein Stück hineintreiben lassen, jetzt, mit dem Ausatmen ein kleines oder großes Stück tiefer, in die weiche Unterlage und in die Ruhe in dir selbst hinein, mit dem Ausatmen loslassen dürfen ... ... und so breitet sich allmählich wohltuende Gelassenheit aus in dir ...

und weil in der Ruhe dein Körper gemeinsam mit deiner Psyche und allem anderen, das dafür nötig ist, für deine Gesundheit sorgt ... und das geschieht unbewusst ... kannst du jetzt einmal wie auf einem Bild oder wie in einem Spiegel deinen Körper anschauen ... ... und du kannst dir dabei vorstellen, dass dort, wo Verspannungen oder gar Schmerzen sind, von außen sichtbar eine andere Farbe leuchtet als dort, wo du dich gut fühlst ... ... und du kannst dir vorstellen, dich auch daran erinnern, wie die Sonne warm auf deine Haut scheint, wie schon so oft, und dich erwärmt, während du im Schwimmbad oder an einem See auf einer Wiese liegst, im grünen Gras, du kannst es riechen ... ... oder am Strand, im weichen, warmen Sand ... ... oder auch auf dem Balkon, auf einer gepolsterten Liege ...

wohlige Wärme breitet sich aus ... ... in die Haut ... ... und tiefer in deine Muskeln ... ... und tiefer in deine Gelenke ... mit dem Ausatmen tief hinein, wohlige Wärme ...

und wie es ist, wenn du der Sonne erlaubst, die richtigen, die heilenden Strahlen tiefer gehen zu lassen, mit dem Ausatmen tiefer, dorthin, wo sie so richtig tief und gut wirken ... ... so dass die Farbunterschiede verschwinden, Spannungen sich auflösen und wohlige Wärme und ruhige Gelassenheit sich über den ganzen Körper ausbreiten, umfassend und wohltuend, jetzt, wirklich tiefe Gelassenheit und wohlige Wärme ...

und es der Sonne erlauben, jetzt ihre Strahlen an jede Körperstelle zu schicken, die ihre heilende Kraft braucht oder auch nur die wohlige

Wärme genießen möchte, in den Bauch, den Nacken und die Schultern, in die Nase, die Ohren, tief in die Gelenke ...

dich einfach überall dort für ihre heilende Wärme öffnen, wo du sie jetzt brauchen kannst, jetzt, in tiefer Gelassenheit ...

und die Sonne auch einmal in deinen Verstand leuchten lassen, so dass die Vorhänge sich öffnen und helles Licht hereinfällt .... so dass du die vielen Winkel und Ecken anschauen kannst in ihm, in denen so unendlich viel Kreativität liegt, so viele Ideen, passend für jedes Problem, oft verborgen ... die du nutzen wirst, unbewusst, für dieses und für jenes, jetzt oder gleich, in heiterer und heller Gelassenheit ...

um nun, während die Sonne dir ihre Kraft weiterhin zur Verfügung stellt ... und sie scheint, auch wenn es bewölkt ist, ihre Strahlen kommen auch durch die Wolken ... diese Dinge für den Moment abzuschließen und in den nächsten ein bis zwei Minuten wieder hierher zurückzukommen, so schnell oder langsam, wie du es brauchst, um dabei mit jedem Einatmen frischer und klarer zu werden und den restlichen Tag freudig und wach zu verbringen ...

Eine Massage genießen

Die Erinnerung an die wohltuenden Gefühle, die durch eine Massage ausgelöst werden, lassen ähnliche körperliche Veränderungen geschehen wie bei einer tatsächlichen Massage: Die Muskulatur wird gelockert, die Durchblutung der Haut wird gefördert, der Körper und die Seele entspannen sich, Schmerzen lassen nach.

Sollte das Kind nie zuvor massiert worden sein, dann sollte es diese Erfahrung jetzt machen. Das kann gegenseitig geschehen, wenn es mehrere Kinder sind (unter der Anleitung: keine Schmerzen zufügen und respektvoll mit dem anderen umgehen).

Themenvorschläge für das vorausgehende Gespräch: *Bist du schon einmal massiert worden? Wie fühlt es sich an? Wo tut es dir besonders gut? Wie sollten Hände dich berühren, damit es schön ist für dich?*

... du kannst dich jetzt einfach bequem hinlegen (hinsetzen). Lass deine Arme und Beine beim Ausatmen ruhig hinuntersinken und genieße es, für ein paar Minuten ausruhen zu können ...

dabei kommen immer mal wieder Gedanken, sie sind irgendwie wichtig, müssen irgendetwas erledigen, während du mit dem Ausatmen Spannung loslassen kannst ... dabei kannst du dich jetzt sinken lassen, angenehm schwer und wohlig warm, mit dem Ausatmen tiefer loslassen, so weit, wie es für dich angenehm ist, jetzt ...

und vielleicht möchtest du dich daran erinnern, wie gut es sich anfühlt, wenn dein Rücken massiert wird, leicht und liebevoll, vielleicht auch gestreichelt oder etwas kräftiger massiert wird, ganz so, wie es gut ist für dich und deinen Rücken und wie du es magst, jetzt ...

du kannst dich in die Vorstellung hineinsinken lassen, in den Genuss ... diese Gefühle zulassen, wenn zwei warme und liebevolle Hände deinen Rücken massieren und ihm Gutes tun damit ...

die Wärme überträgt sich auf deine Haut und tiefer in die Muskeln, in die Gelenke und auch noch tiefer, nach innen in die Organe, sogar in die Gefühle, warm und wohltuend, lösend, tief hinein ...

das Massageöl riecht gut, vielleicht nach Blumen oder nach Pfefferminz, du liegst weich und warm ...

die Hände massieren von oben nach unten, von unten nach oben, an der Wirbelsäule entlang, sie lockern die Muskeln und wärmen deine Haut ...

die gute Wirkung überträgt sich bis in den Kopf hinein, Druck fließt ab, und angenehme Gefühle können sich hell in dir ausbreiten und dich wie ein leichter, warmer Mantel einhüllen ...

Spannung löst sich, Leichtigkeit und Wohlgefühl entstehen mit dem Ausatmen ... und die Hände streichen auch seitwärts, warm und liebevoll, während du dich öffnest für die wohltuende Wirkung, gut behandelt zu werden, dich darauf einlässt, so weit, wie es gut ist für dich im Moment ...

dich einlassen auf die wohltuende Wärme, öffnen für die Lockerung und annehmen, was dir gegeben wird, so weit, wie du es haben willst und es dir gut tut ...

und dort, wo du es besonders brauchst, verweilen die kundigen Hände länger ... sie massieren mal stärker, mal schwächer, so wie es gut ist für dich ... sie spenden Wärme und lockern dabei, manchmal auch eine angenehme, erfrischende Kühle, wenn sie mehr angebracht ist ... geduldig und ausdauernd bewegen sich die Hände über deinen Rücken, deshalb kannst du dich sinken lassen, vielleicht noch ein Stück tiefer, so weit, wie es eben gut ist für dich ... mit dem Ausatmen loslassen, die Glieder sinken lassen, in ihre eigene Ruhe, die Stimmung loslassen, so dass sie sich dem Licht nähert, heller wird ...

dich beschenken lassen, während im Moment nur das wichtig ist, was dir wirklich gut tut ... wohlige Wärme im Rücken löst die Spannung und stärkt die Seele, macht sie hell und farbig ... genießen und treiben lassen, jetzt ...

um dich dann in den nächsten ein bis zwei Minuten allmählich zu sammeln, auf allen wichtigen Ebenen ... ... und Lockerung und Freude mitbringen, während du in deiner eigenen Geschwindigkeit mit jedem Atemzug frischer und klarer wirst, jetzt, und klare Kraft mitbringst für den Rest des Tages ...

Urlaub für den Schmerz

Zum Leben gehören der Schmerz wie auch die Freude, das weiß jeder aus eigener Erfahrung. Der Schmerz ist kein Feind des Körpers, er ist tatsächlich dann ein Freund, wenn er das Bewusstsein warnen will vor einer potenziellen oder schon eingetretenen Schädigung, die anders nicht zu bemerken ist oder über die ohne Schmerz hinweggegangen würde (weil das »Funktionieren« im Beruf oder im sozialen Gefüge als wichtiger angesehen wird als die Gesundheit).

Schmerz wird als unerwünschter und sinnloser Peiniger bekämpft. Diese Haltung verstärkt das Leid aber, weil Anspannung, die den Kampf begleitet, Schmerz verstärkt, während Entspannung ihn löst.

Die Idee, dem Schmerz Urlaub zu geben, hilft, die kämpfende Haltung zu verlassen. Das eröffnet neue Perspektiven und fördert Entspannung. Die Entspannung verringert das Leid, die neuen Perspektiven erleichtern die Wahrnehmung der Ursachen und das Finden alternativer Lösungen.

Themenvorschläge für das vorausgehende Gespräch: *Warum tut Schmerz weh? Ist der Schmerz ein Feind, oder will er etwas Wichtiges sagen? Wie entsteht Schmerz? Wann wird er schwächer?*

... manchmal fällt es so richtig leicht, die Arme und Beine nach unten sinken zu lassen, so dass sie sich entspannen können ... daran kann sich dein Körper jetzt erinnern und es zulassen ...

und während du dich jetzt irgendwie dabei entspannen kannst, kannst du dir vorstellen, dass deine Gedanken sich im Kopf zwischen deinen Ohren hin und her bewegen ... das geschieht auch, wenn du dich entspannst ... dabei werden Dinge erledigt, die irgendwie wichtig sind für dich ... die Gedanken schwingen von einem Ohr zum anderen und schaukeln vielleicht einmal an der Nase, man weiß es nicht, denn Gedanken kann man nicht sehen, während der Körper jetzt die Gelegenheit nutzt und hinabsinkt in seine angenehme Schwere und wohlige Wärme ... ... mit dem Ausatmen ein kleines Stück tiefer sinkt und dabei die nächsten Minuten für sich nutzen darf, um gesund zu sein ... ... und so kannst du jetzt ein paar Schritte in das Reich der Vorstellung gehen, wie nachts beim Einschlafen, denn aus der gleichen Tiefe kommen auch die unglaublichen Träume ...

während dein Körper sich also hier in Ruhe erholt, auf seine Weise, jetzt, die dem Verstand oft fremd ist, ist es in Ordnung, wenn der Verstand sich davon ein Stück weit entfernt, wie im Traum, damit der Körper sich wirklich in Ruhe um sich kümmern kann ...

und so kannst du dir vorstellen, dass der Schmerz ein wirklich guter und auch ein wichtiger Freund ist ... er ist zwar fast immer ungeliebt und tut dennoch seine Arbeit, die gut für deine Gesundheit ist ... und so kannst du dich in deiner Vorstellung ihm zuwenden und ihm einmal für die nächsten zwei bis drei Minuten Urlaub geben, wenn du gerade keine Schmerzen hast, gelingt es noch leichter ...

er wird erstaunt reagieren und vielleicht sogar protestieren, der Schmerz, denn er weiß, wie wichtig er ist ... aber er wird sich auch freuen, denn selten schaut ihn jemand direkt an und kaum jemand würdigt seine Arbeit ... und er kann sich wirklich nicht erinnern, wann ihm jemand zuletzt Urlaub angeboten hat ... er braucht deshalb ein ganzes Weilchen, um sich an den Gedanken zu gewöhnen ...

er fragt noch einmal nach, ob du verstanden hast, auf der richtigen Ebene, was er dir sagen möchte, zu welchem Zweck er eigentlich bei dir ist, denn es ist wichtig, zwischen den verschiedenen Aufgaben des

Schmerzes zu unterscheiden ... wenn er eine unmittelbare Bedrohung des Körpers anzeigt, muss er so lange erhalten bleiben, vielleicht sogar verstärkt werden, bis das Richtige getan wurde, um die Gesundheit zu erhalten ... denn immer sollte die Erhaltung der Gesundheit angestrebt werden ... und es gibt immer auch Wege, die zur Gesundheit führen, auch wenn sie zunächst im Verborgenen liegen ...

nachdem er weiß, dass er gehen kann, packt er sein Bündel und verlässt dich für ein Weilchen, vielleicht das erste Mal seit langem ...

das erste Mal bleibt er in der Nähe, um zu sehen, dass es dir gut geht ... und es tut ihm sehr gut, gehen zu können ... auch er muss sich erholen, denn seine Arbeit ist sehr anstrengend ...

und so kannst du es dir in der Zwischenzeit irgendwie gut gehen lassen, vielleicht ein paar schöne Bilder kommen lassen, vielleicht aus der Vergangenheit oder aus der Fantasie .... und Gefühle zulassen, die dir gut tun, während für deine Heilung gesorgt wird ...

und ich weiß nicht, wann der Schmerz zurückkehrt ... meist wird er sehr leise kommen, denn eigentlich ist er sehr rücksichtsvoll ... und wenn er feststellt, dass du ihn gerade nicht brauchst, wird er wieder gehen, denn Arbeit gibt es für ihn auch bei anderen, darum muss er sich nicht kümmern ... durch seinen Urlaub ist er ausgeruht und kann deinem Unbewussten Ratschläge geben, wie dir zu helfen ist, damit er häufiger mal gehen kann .... und schließlich sogar unnötig wird ...

vielleicht wird er in Zukunft noch weitere freundliche und beratende Gespräche mit deinem Unbewussten führen, denn, wie du weißt, die Dinge laufen nach einer ausreichenden Pause besser und ruhiger, auf oft neuen Wegen, die vorher nicht einmal zu ahnen waren ...

und wenn der Schmerz erholt ist, hat auch er sich verändert, denn nichts, was einmal geht, wird genau so zurückkommen, wie es gegangen ist ... deshalb kannst du dich in deiner Vorstellung mit ihm an einen Verhandlungstisch setzen, einen Tee trinken und die Dinge neu betrachten ... er wird dir wichtige Tipps geben ...

du magst erstaunt sein, wie viel er weiß, über deinen Körper und seine Gesundheit ... deshalb ist es gut, wenn du ihm aufmerksam zuhörst und das, was er dir sagt, befolgst ... im geeigneten Moment kannst du das Neue anwenden, anfangs vielleicht probeweise, immer dann, wenn es zu viel und die Last zu groß wird ...

und der Schmerz freut sich, denn im Urlaub kann man sich Freude schenken ... er bedankt sich, und dabei kannst du feststellen, dass er ein freundliches Gesicht hat und gütige Augen, während du dich in den nächsten ein bis zwei Minuten noch einmal gründlich entspannst, so dass du die positiven Veränderungen in Ruhe geschehen lassen kannst, die dir gut tun, während du einfach nur hier bist, angenehm schwer oder leicht und wohlig warm ...

um danach in deiner eigenen Geschwindigkeit hierher zurückzukehren ... ... klar und ausgeruht, dich sammelst und dich darauf freust, die frische Luft zu atmen und die Farben zu sehen ...

3 Sich der Natur zuwenden

Diese Geschichten möchten die Aufmerksamkeit auf den Fluss der Natur lenken, in der alles ständig in Veränderung begriffen ist. Damit sollen die natürlichen Abläufe als etwas Gegebenes aufgezeigt werden, gegen die man sich nicht auflehnen sollte, weil sie letztlich doch nicht zu ändern sind und alles Festhalten nur Lebensenergie verschwendet.

Die Nähe zur Natur wird verdeutlicht, in die wir viel stärker eingebunden sind, als unsere festen Häuser und unsere Kleidung uns glauben machen. Indem wir mehr Nähe zur Natur bekommen, fühlen wir unsere natürlichen Anteile – also uns selbst – besser.

Die Wahrnehmung der natürlichen Umwelt und unser Verhalten ihr gegenüber werden nach der Entspannung klarer und rücksichtsvoller.

Weicher Schnee beruhigt das Sehen

Wir kennen die angenehme Wirkung von Schnee. Er bringt Ruhe für das Auge, weil er Unebenheiten zudeckt und Farbunterschiede verschwinden lässt. Er beruhigt die körperlichen Aktivitäten, und auch so manches Vorhaben wird auf später verschoben.

Indem diese Veränderungen erinnert werden, können sie auch ohne den Schnee in uns wirken und eine gute Entspannung fördern, in der auch die Probleme sich verändern können, indem die Eigenschaften des Schnees auch auf Gedanken und Gefühle übertragen werden.

Themenvorschläge für das vorausgehende Gespräch: *Was gefällt dir am Schnee? Wie sehen die Häuser und Straßen aus, wenn es geschneit hat? Warst du schon einmal im Wald, wenn es geschneit hatte? Was hört man dort? Was deckt der Schnee zu und was lässt er frei?*

... und wenn du dich jetzt für ein paar Minuten entspannst, kannst du dich an Wintertage erinnern, wenn du im warmen Zimmer warst und dich gemütlich irgendwo entspannt hast, während draußen der Schnee und die Kälte waren, du kannst die Wärme genießen ...

und obwohl es ein Beweis für Kälte ist, die der Mensch nicht sehr mag, wenn wir morgens aufwachen und alles ist weiß vom Schnee, freuen wir uns ...

vielleicht weil der Schnee so hell ist, vielleicht auch, weil der Schnee so manches Graue zudeckt, weil er eine einheitlich weiße Fläche schafft, mit sanften Rundungen ...

und das ist angenehm für die Augen, sie können sich ausruhen dadurch ...

die Augen können weit schauen ... es gibt keine grauen Straßen, keine wilden dunklen Flecken von kahlen Büschen und Bäumen, denn das Auge stoppt ganz automatisch oder zögert zumindest, wenn da eine Linie ist, irgendwo, und wenn der Schnee alles zudeckt, dann kann das Auge gleiten, ungehindert über die weiße Fläche gleiten, wie ein Vogel im Schwebeflug ...

und so ist es ruhiger für das Auge, wenn eine weiße Schneedecke die Linien und das Grau zudeckt, die Formen werden weicher und sanfter durch den Schnee ...

und die Entfernungen sind schwerer zu bestimmen ... und auch für das Ohr wird es ruhiger, wenn der Schnee die Straßen bedeckt und die Felder und die Bäume, denn der Schnee schluckt oder dämpft die Geräusche ...

und so ist es für das Ohr wohltuend, wenn es geschneit hat und alle Geräusche draußen schwächer werden, irgendwie runder auch für die Ohren, irgendwie friedlicher ...

und wenn es so richtig viel geschneit hat und die Wege auch noch glatt sind, dann wird es auch für unsere Absichten, für das, was wir tun wollen, stiller, weil wir uns da draußen nur langsam, am besten gar nicht vorwärts bewegen und uns lieber im warmen Zimmer ausruhen und das tun, was uns Freude macht ...

und selbst für den Geruch bedeutet der Schnee eine Ruhepause, denn er bedeckt auch die Gerüche, deshalb kannst du dich jetzt insgesamt ausruhen, in diesen Minuten so tief ausruhen, dass es dir gut tut ...

sicher ist nicht nur die weiße Farbe der Grund dafür, dass eine schneebedeckte Landschaft als eine friedliche Winterlandschaft bezeichnet wird ... es ist so schön, warm eingepackt in einem schneebedeckten

Wald spazieren zu gehen, unter den warmen Schuhen zu spüren, wie der Schnee bei jedem Schritt nachgibt, dabei das Knirschen zu hören ... und der friedliche, weiße Wald um dich herum, hier und da das bekannte Geräusch, wenn ein Ast seine Schneelast fallen lässt ...

das glitzernde Eis in den Sonnenstrahlen, der Dunst des Atems vor dem Gesicht ...

und so können die Gedanken und die eigenen Gefühle bei einem Spaziergang im Schnee viel deutlicher sein, so manches wird klarer, als ob der helle Schnee auch die innere Unruhe glättet, irgendwie wohltuend ...

um dann hinterher, nach der Wanderung, sich in einem warmen Raum aus dem Mantel und den anderen Kleidungsstücken herauszuschälen, das Prickeln der Wärme in der Haut zu spüren, das sich angenehm im ganzen Körper ausbreitet, zusammen mit einer wohligen Trägheit ...

und so kannst du sie genießen, eine wohlige Trägheit, während dein Körper Energie aufnimmt in der Ruhe ... ... du kannst dich für diesen Moment noch ein Stück weit treiben lassen und dich wohl fühlen, während du dich erholst ...

um dann wieder hierher zurückzukommen, erfrischt, wach und klar für die Dinge, die jetzt vor dir liegen ...

Moos

Diese Geschichte erweitert die Sensibilität für die Natur und für die Zusammenhänge des Lebens.

Der Kreislauf des Lebens ist in jeder Pflanze zu finden, auch im Moos. Indem das Moos betrachtet wird, steht es beispielhaft für das eigene Leben. Wir wissen, dass Moos in jeder Jahreszeit anders aussieht. Indem das Kind sich in die Pflanze einfühlt, fällt es ihm leichter, die Veränderung der Jahreszeiten auch für das eigene Leben zu akzeptieren.

Indem ein sorgsamer, einfühlsamer Umgang mit dem Moos angeregt wird, liegt die Pflege der eigenen Haut nahe.

Themenvorschläge für das vorausgehende Gespräch: *Hast du schon einmal Moos angefasst? Wo wächst Moos? Wie fühlt es sich an? Was braucht es, um wachsen zu können?*

... wenn du dich jetzt bequem hinsetzt oder hinlegst, dann gehst du innerlich leichter in eine Ruhe, in der du dich erholst ...

und nachdem du so einige Zeit gegangen bist, auf deinem Weg der Ruhe, kannst du dir vorstellen, dass du zu einem großen Stein kommst, bei dem du dich ausruhen kannst ...

auf dem Stein wächst grünes Moos ... du kannst es in aller Ruhe betrachten, wenn du magst ...

und auf jedem größeren Stein, der eine Weile daliegt, findet sich irgendwann einmal Moos, wenn alles Nötige vorhanden ist, damit es wachsen kann ...

grünes Moos, an manchen Stellen dunkelgrün, an manchen Stellen gelblich, wieder an anderen Stellen, weiter oben, dort, wo weniger Wasser ist, trocken und braun ...

und während du dich nun dort ausruhen kannst und vielleicht die angenehme Schwere deiner Arme und Beine spürst ... ... kannst du vielleicht sehen, wie der Wind das Moos bewegt ...

und du kannst mit deinen Fingern darüber streichen und das weiche Moos fühlen ... ... und wenn du dich tiefer darauf einlässt, spürst du jetzt vielleicht auch an deiner Haut, so als wärst du selbst dieses Moos, wie es sich anfühlt, wenn der Wind über es hinwegstreicht, es zärtlich berührt ... ... oder kräftig durchkämmt ...

und wenn es regnet, kannst du vielleicht spüren, wie das Moos trinkt und wie das Wasser sich belebend ausbreitet, in allem, was das Moos ist ...

und wie das Moos sich voll saugt und ein sattes, zufriedenes Grün entwickelt ...

und wenn die Sonne hervorkommt und das Moos wärmt ... ... und das Moos nimmt die helle Wärme auf und verwandelt sie in Wohlgefühl und in Kraft ... ... und auch der Stein darunter nimmt die Wärme auf, bis hinunter in seine unsichtbare Tiefe ...

und so ist das Moos rundum warm, oben von der Sonne, unten vom Stein wie von einem Speicherofen gewärmt ... ... und es wandelt das Licht in feste Materie um, und dabei wächst es durch das Licht ...

und später im Jahr wehen Blätter auf das Moos, und es freut sich an der Farbe, an der vielfältigen Form der Blätter ...

irgendwann wird es Winter, und es legt sich eine weiche weiße Schneedecke über das Grün des Mooses und über die farbigen Blätter ... so werden die Blätter zu einem schützenden, wärmenden Mantel ...

unter dieser Decke ist ein angenehm gedämpftes Licht, eine tiefe Stille ... die Zeit verliert für einige stundenlange Minuten ihre Bedeutung, das kann bei einem strengen Winter auch Wochen dauern ...

und die Verbindung zwischen Moos und Fels wird in dieser Zeit tiefer, irgendwie inniger ... und das Moos genießt den Winter, die Zeit der Stille, unter der warmen Blätterdecke ...

es freut sich, weil es weiß, dass die Wärme wieder kommen wird, mit der Sonne und dem Licht, nach der Zeit der Stille ...

und so wirst du langsam feststellen, dass du genug geruht hast bei diesem Felsen ...

und beginnst jetzt den Rückweg, in aller Ruhe und Gelassenheit ... kannst dir unterwegs noch dieses oder jenes Moos anschauen und kommst schließlich hier wieder an ... mit dem Öffnen deiner Augen bist du ganz wach und frisch ...

Warmer Wind

Die Vorstellung eines warmen Windes erinnert an Wärme und warme Tage in der Natur. Das fördert die Entspannung.

Ein Wind kann als Hauch sanft streicheln, er kann aber auch enorme Gewichte langsam und stetig davontragen. Die Erinnerung an dieses

Wissen erweitert die Perspektive und erhöht die Bereitschaft anzunehmen, dass Veränderungen möglich sind, an die man im Allgemeinen nicht so leicht glaubt.

Die Vorstellung, der Wind würde mit seiner Wärme oder mit seiner Kraft auf Schmerzen Einfluss nehmen, bekommt dadurch mehr Kraft und fördert die Heilung von innen heraus.

Das Wissen, dass der Sand mit der Hilfe des Windes und des Wassers um die ganze Welt wandert, erweitert die Empfindsamkeit für die Natur und relativiert den Glauben an die Macht des Menschen.

Themenvorschläge für das vorausgehende Gespräch: *Ist der Wind immer gleich stark, oder gibt es da Unterschiede? Wozu ist ein starker Wind fähig? Könnte er einen Sandberg, der höher ist als ein Haus, davontragen? Wie macht er das? Wo geht der Sand hin?*

... du kannst dich jetzt einfach bequem hinlegen (hinsetzen). Lass deine Arme und Beine beim Ausatmen hinuntersinken und genieße es, für ein paar Minuten ausruhen zu können ...

du kannst dir einen warmen Wind vorstellen, der mit den Blättern an den Bäumen spielt, der das Fell einer Katze bürstet und der jede einzelne Spannung in deinem Körper einhüllt wie ein weicher, warmer Mantel, so dass die Spannung schmilzt wie hartes Eis in der warmen Sonne, so dass sie davonfließt wie weiches, warmes Wasser, sich auflöst und davonfließt ...

warmer Wind, der jedes unangenehme Gefühl in dir findet, es mit sich nimmt und davonträgt, weit genug weg ...

so wie er in der weiten und heißen Wüste einen Sandberg mit großer Geschwindigkeit oder langsam und stetig mitnehmen und woanders wieder absetzen kann, in der Unendlichkeit der Wüste, bis der ganze große Sandberg nicht mehr zu finden ist, dort, wo er einmal war ...

eben stand er noch im Weg, wie ein Berg schien er unüberwindbar und unverrückbar mit seinem riesigen Gewicht, und plötzlich gibt es ihn nicht mehr ... der warme Wind hat den riesigen Berg aufgeteilt, hat alle seine leichten kleinen Sandkörner aufgenommen und davongetragen ... so wurde der schwere Berg ganz leicht ...

sogar auf unseren Autos sehen wir manchmal braune Reste der Sandberge aus der weit entfernten Wüste ... der Wind hat sie entlang unsichtbarer Straßen am Himmel bis zu uns getragen ... der Regen hat sie dort, hoch über uns, aus der Hand der Wolke aufgenommen und heruntergewaschen, auf die Blätter der Bäume, auf die roten Dächer und Fensterscheiben, auf die Straßen und auf Autodächer ...

und ganz gleich, wie weit der Weg sein wird, das Wasser bringt die Sandkörner irgendwann zurück, zu ihrem Ursprung, über irgendein Rinnsal in irgendeinen Fluss ...der bringt sie in das Meer, geduldig über unvorstellbar lange Zeit ...

und das Meer spült sie irgendwann wieder an die Strände, wo der Wind sie trocknen, wieder aufnehmen und davontragen wird ... natürlich dauert das seine Zeit, aber auf der Uhr der Erdgeschichte sind das nur Sekunden ...

und in der Vorstellung, irgendwie ist auch sie wirklich, kannst du alle Schmerzen und Spannungen an ihn abgeben, die du nicht brauchst ... du kannst sie deinem Atem mitgeben, denn dein Atem ist ein kleiner Bruder des warmen Windes ...

und das muss nicht alles auf einmal sein, weil der warme Wind immer wieder vorbeikommt, auf seinen unendlichen Reisen. Er streichelt und wärmt dich ... er ist so alt wie die Zeit selbst und hat schon unvorstellbar vieles mitgenommen und gebracht ...

er bringt dir Wärme und Wohlgefühl in den ganzen Körper ... er kann deine Fantasie mitnehmen und ihr Dinge zeigen, Farben und Formen, die ihr vorher unbekannt und vielleicht sogar unvorstellbar waren ... und so kannst du es genießen, einfach nur dazuliegen, in diesem Moment, angenehm schwer oder leicht und wohlig warm, überall genießen ...

so dass in dir jetzt der Wunsch entsteht und wächst und daraus ein fester Entschluss wird, wieder wach zu werden, und du in deiner eigenen Geschwindigkeit wieder hierher zurückkommst, innerhalb der nächsten ein bis zwei Minuten ... und dabei wirst du mit jedem Einatmen frischer und klarer ...

4 Den Schlaf kommen lassen

Der Schlaf ist häufig aus verschiedenen Anlässen gestört. Auch wenn die Anlässe nicht mehr vorhanden sind, kann er immer noch gestört sein, weil man sich inzwischen eine Einstellung zum Schlaf angeeignet hat, die verhindert, dass die für den Schlaf notwendige Ruhe sich einstellen kann.

Es sollte immer auch nach den Ursachen des gestörten Schlafs gesucht werden, die meistens in einer Überlastung der Person zu finden sind, weshalb sie dann auch abends und nachts nicht mehr oder nur für wenige Stunden zur Ruhe kommt. In der restlichen Zeit bemüht sich das Gehirn um die Lösung der Probleme, die tagsüber nicht bewältigt werden. Dabei treten Stressreaktionen auf, die den Schlaf verhindern.

Die folgenden Geschichten erleichtern durch die Entspannung und durch die Erinnerung an die Wahrnehmungen und Gefühle, die das Einschlafen begleiten, die Nähe zum Schlaf. Sie sollten nur vor dem Einschlafen vorgelesen werden. Das Kind sollte bereits im Bett liegen und bereit für den Schlaf sein. Es wäre nicht außergewöhnlich, wenn der Schlaf noch während des Vorlesens käme. Allerdings sollte diese Erwartung nicht zusätzlich das Einschlafen belasten: Zwar ist es möglich, dass der Schlaf schon während des Vorlesens kommt, es ist aber nicht notwendig. Die Inhalte der Geschichten fördern einen entspannten Umgang mit dem Thema, was nicht unbedingt sofort seine erwünschte Wirkung zeigt.

Alle anderen Geschichten können ebenfalls vor dem Einschlafen vorgelesen werden, auch sie fördern mit der Entspannung die dafür nötige körperliche Voraussetzung.

Die Grenze zwischen Wachsein und Schlaf

Weil alle Texte in diesem Buch die Entspannung fördern, können sie vor dem Einschlafen vorgelesen werden.

*Diese Geschichte wie auch die folgenden Texte sind jedoch in erster Linie dafür gedacht, das Einschlafen zu erleichtern. Deshalb sollten sie **nur vor dem Einschlafen** vorgelesen werden.*

Wer Schwierigkeiten beim Einschlafen hat, ist oft zu angespannt und kontrolliert sich zu sehr. Um beide Hindernisse zu verkleinern, hilft ein

Perspektivenwechsel. Durch die Erinnerung an das Gefühl des Einschlafens nähert man sich auch körperlich dem Schlaf an. Die Wortwahl sowie die Themen erleichtern es dem Verstand, seine Fixierung auf den Schlaf loszulassen und dadurch die körperlichen Veränderungen, die für den Schlaf notwendig sind, weniger zu beeinflussen, so dass der Schlaf leichter kommen kann.

Themenvorschläge für das vorausgehende Gespräch: *Wie fühlen sich deine Arme und Beine an, wenn du sehr müde bist? Können sich deine Arme und Beine jetzt an diese Gefühle erinnern? Welcher Arm, welches Bein kann sich besonders gut erinnern? Kann er oder es den anderen Körperteilen dieses Gefühl mitteilen?*

Was ist immer da, wenn du leicht einschläfst? Was riechst du dann? Wie muss die Bettdecke sein, damit es schön ist, im Bett zu liegen?

... im Bett fällt es so richtig leicht, die Arme und Beine nach unten sinken zu lassen, so dass sie sich entspannen können ... der Tag ist vorüber, und eine lange Nacht mit Träumen und farbigen Bildern beginnt ... und dann fällt es leichter, die Dinge vorüberziehen zu lassen und sich dabei zu entspannen ...

zur rechten Zeit die Dinge des Tages loslassen, damit Neues kommen kann ... denn auch wenn man noch nicht eingeschlafen ist, verlässt das Bewusstsein hin und wieder den Augenblick, um sich auszuruhen ...

dabei dieses schöne Gefühl genießen, wenn Arme und Beine hinuntersinken können, endlich, in die eigene, angenehme Schwere und wohlige Wärme ...

und wenn hier der Tag ist mit seiner Helligkeit, seinen bunten Freuden und seinen Anstrengungen, wenn hier diese Seite ist, oder oben, dann ist der Schlaf auf der anderen Seite, oder unten, in der warmen Matratze, mit der angenehmen Schwere und wohligen Wärme, die dort immer ist, und so manchen farbigen Träumen, in die man sich hin und wieder hineinsinken lassen kann, wie früher so oft schon ... und auch jetzt im Moment, angenehm schwer und wohlig warm ...

weil die Welt sich währenddessen weiterdreht und die Ohren alles Wichtige an das Unbewusste weiterleiten, das dort verantwortungsvoll behandelt wird ... einfach nur hier liegen für den Moment, angenehm schwer und wohlig warm ...

und so kannst du dich jetzt ein Stück dem schönen Schlaf entgegensinken lassen, zuerst vielleicht nur in der Vorstellung oder in der Erinnerung an dieses schöne Gefühl, loslassen zu können ...

und dann auch schon einen Schritt weiter, probeweise so tun, als ob du jetzt ein Stück weit einschlafen würdest ...

weil das Unbewusste die Dinge richtig verarbeitet, dir jetzt einmal Zeit lassen dafür ...

und weil die Ruhe ein guter Freund des Schlafes ist ... vielleicht sind es Geschwister, die sich mögen, sie dienen und beschützen sich gegenseitig ... brauchst du nicht mehr Kontrolle loslassen, als nötig ist, damit du dich jederzeit wohl fühlst, auch in diesem Moment ...

und du brauchst auch nicht gleich einschlafen, während dein Atem ein- und ausströmt, kannst dich ein Stück dem Schlaf entgegensinken lassen ...

und schon auf dem Weg dorthin beginnt die gründliche Erholung, auf dem Weg in die Nähe der Grenze zwischen Wachsein und Schlaf ... und schon auf dem Weg zum Schlaf ziehen Träume vorüber, kurze oder lange Träume ...

sie beginnen ganz unauffällig, steigen anfangs unbemerkt auf, wie unsichtbarer Wasserdunst, um sich zu verdichten zu Bildern und Empfindungen ...

und eigentlich sind es alles kurze Träume, auch wenn sie lang sind ... eigentlich ... Bilder von Flieder in der warmen Frühlingssonne, Erinnerungen an das Duftkonzert des Abends, zu dem so viele Pflanzen ihre Anteile dazugeben, das in der Nähe des Schlafes noch viel intensiver und schöner riechen kann als in der Natur ... wie betäubend manchmal, berauschend, schöne Bilder auslösend mit unglaublichen Farben und Gefühlen ...

deshalb kannst du dich auch einmal auf die andere Seite der Grenze begeben, wie schon so oft in deinem Leben, wenn alles stimmt, für einen Moment sogar einschlafen ... ein Moment, der so kurz sein kann, dass du es gar nicht merkst ...

und du brauchst dich dabei auch nicht bewusst um deine Erholung zu kümmern, denn dafür sorgt dein Unbewusstes ... das kann es gut, es hat diese Fertigkeiten schon seit der Geburt und hat sie seitdem ständig weiterentwickelt ... und weil der Schlaf die beste Gelegenheit zur gründlichen Erholung bietet, kannst du dich ihm jetzt ein Stück mehr nähern und die Helfer in dir damit beauftragen, sich auch jetzt wieder gründlich um deine Erholung zu kümmern ...

die Erholung kommt auch dann, wenn du es vorziehst, jetzt erst einmal noch diesseits der Grenze des Schlafes zu bleiben, und dich lieber wach erholst und lieber in der wachen Vorstellung an einer gelben Rose riechst, die den ganzen Sommer über blüht, wenn es warm genug ist und sie ihren Geruch abgibt ... und im Traum ist es möglich, sich in die weichen Blätter einer Rose zu legen, umgeben von einem farbigen Duft, wie man ihn sich schöner nicht vorstellen kann, und darin auszuruhen oder sogar einzuschlafen ...

und so kann ein guter Geruch, wie auch eine schöne Erinnerung, in den Schlaf hinübergeleiten, während du im Schlaf nicht bewusst riechst, dich aber sehr wohl in Träumen daran erinnern kannst, an schöne Blüten und gute Gerüche ...

und vielleicht möchtest du noch ein Weilchen die Grenze wechseln, mal hier, mal dort ausruhen ... ... so wie Kinder gerne auf dem Rahmen eines Sandkastens balancieren, oder auf einem Balken, der auf einer grünen Wiese abgelegt wurde und dort geduldig auf seine weitere Verwendung wartet, vor sich hin dösend und schlafend, während die Kinder mit ihm spielen ...

Die Grenze zwischen Wachsein und Schlaf
– *Fortsetzung*

Auch dieser Text sollte nur vor dem Einschlafen vorgelesen werden. Er kann an die vorhergehende Geschichte angehängt oder einzeln vorgelesen werden. Der Vergleich mit anderen Grenzen, die wir kennen, erleichtert die Lösung der angespannten Fixierung auf den Schlaf.

Themenvorschläge für das vorausgehende Gespräch: *Was ist eine Grenze? Was passiert, wenn du sie überschreitest? Sind Grenzen immer sichtbar? Merkst du es immer sofort, wenn du eine Grenze überschreitest?*

... und weil du im Laufe deines Lebens schon so oft diese schönen Gefühle erlebt hast, wenn du noch nicht richtig eingeschlafen bist, aber schon so ein bisschen zu träumen beginnst, kannst du dich jetzt daran erinnern und diese Gefühle zulassen, die du kurz vor dem Einschlafen hast ...

und es ist nicht wichtig, so richtig zu wissen, woher der Schlaf kommt, dein Körper weiß es schon ... er kann sich hinuntersinken lassen, mit jedem Ausatmen ein kleines Stück tiefer, in die weiche Unterlage ... dein Körper kann sich ausbreiten, angenehm schwer und wohlig warm ...

und auch ohne tiefen Schlaf kann der Körper sich ausruhen, seine Erneuerung und Erholung können sein wie im Schlaf ... und so kannst du dir die Grenze zwischen Wachsein und Schlaf einmal bildhaft vorstellen ... wie mag diese Grenze aussehen ... wie ein roter Faden auf der Landkarte oder wie ein brauner Holzzaun ...

und es gibt einen Bereich zwischen Wachsein und Schlaf, wie das Niemandsland zwischen zwei Ländern, in dem das Unkraut wuchern darf, ein Paradies für ungeliebte Pflanzen ... schöne und heilkräftige Pflanzen, wie das gelbe Johanniskraut, werden als Unkraut bezeichnet ... und welche schönen und wohlriechenden Pflanzen wachsen wohl zwischen Wachsein und Schlafen ... sie entfalten ihre Heilkräfte viel wirkungsvoller, wenn wir uns ihnen zuwenden und uns ihnen öffnen ... als Farbtupfer geben sie dem Auge einen freundlichen Halt und der Seele Freude, während die Glieder sich ausruhen dürfen, auch jetzt, angenehm schwer und wohlig warm ...

die Grenze zwischen Wachsein und Schlaf könnte sein wie eine Waldgrenze, diesseits des Schlafes eine von der Sonne beschienene, grüne Wiese, mit ihren vielen großen und kleinen Blumen ... manche ragen über die Gräser heraus, andere wachsen tiefer unten ... jenseits, auf der Seite des Schlafes ist der dichte Wald, der den Regen speichert und den Wind bremst, mit hellen Lichtungen, in denen unvermutete Pflanzen gedeihen können, im Schutz der Bäume und Büsche, mit geschützten Bereichen im kühlen Schatten und hellen Lichtungen, so dass die Seele sich auch im Wald ins helle Licht retten kann ...

oder ist der Schlaf wie eine erholsame Nacht, in der das Auge etwas anderes sieht, weil das Ohr besser hört und der zuständige Teil in dir auf dich aufpasst … … … oder ist das Wachsein wie der Tag, der zuverlässig und in seinem eigenen Schritt über die Erde wandert und die Farben zu hellem Leben erweckt, wo immer er sich aufhält …

manchmal gleicht der Schlaf einem tiefen, geheimnisvollen See, in dem neues Leben wachsen kann, geborgen und geschützt in der unsichtbaren Tiefe … und von oben ist nur die Oberfläche des Wassers zu sehen, die sich verändert, wenn es regnet, wenn es sehr trocken ist oder wenn ein starker Wind das Wasser bewegt …

und der Tag erhellt die Landschaften, die das Wasser in der einen oder anderen Form brauchen, für ihr eigenes Leben, oder speichern, für das Leben anderer … und so mächtig die Sonne auch scheinen mag, bis in die Tiefe des Sees reicht sie kaum, denn manches gedeiht besser, wenn es vom Licht geschützt ist …

und so kannst du dich jetzt noch ein Stück treiben lassen, während du dich gründlich erholst, diesseits oder jenseits der Grenze …

um dann erholt und erfrischt wieder aufzuwachen …

Der Schmetterling, der die Ruhe bringt

Der Schlaf wird von einem, der ihn sucht, als etwas Flüchtiges wahrgenommen, das sehr leicht davongeweht wird – ähnlich wie ein Schmetterling. Die Schilderung eines Schmetterlings, der sich nähern kann, löst den angespannten Fokus vom Schlaf und erleichtert das Einschlafen, wenn das Unbewusste den Vergleich übernimmt und den Schmetterling kommen lässt.

Themenvorschläge für das vorausgehende Gespräch: *Wann hast du das letzte Mal einen Schmetterling gesehen? Kannst du dich an seine Farben erinnern? Hast du schon einmal versucht, einen Schmetterling aus der Nähe zu betrachten oder sogar zu fangen? Kannst du dir vorstellen, dass der Schmetterling zu dir kommt, wenn du ganz still sitzt, wie eine Blume oder wie ein Baum? Wenn du dich bewegst, flieht er, wenn du still sitzt, gewinnt er Vertrauen.*

Wenn die Ruhe eine Person wäre, würde sie eher als Mann oder als Frau erscheinen, die angenehme Ruhe, die dich in den Schlaf führt? Wer oder was könnte die Person aufhalten, wenn sie zu dir kommen möchte?

... im Bett fällt es so richtig leicht, den Körper nach unten sinken zu lassen ... du kannst deine Schwere an dein Bett abgeben, so dass du dich entspannst dabei ...

wenn du abends im Bett liegst, dann sind die Gedanken freier als am Tag, auch seltsame Dinge können dir dabei durch den Kopf gehen ... manchmal tritt die Ruhe schnell ein, manchmal braucht es längere Zeit dazu ... sie ist wie ein zarter Schmetterling, der von jedem Windhauch davongeweht werden kann und mehr noch von Ärger und dem Sturm mancher Gedanken ... und manchmal aber auch einfach kommt und bleibt, wenn man es eigentlich nicht erwartet ...

und ich weiß nicht, ob du dir jetzt einmal vorstellen möchtest, wie der Sturm allmählich nachlässt und der Schmetterling zu dir kommen kann ...

und es ist gut, wenn das langsam geschieht, so dass du dir die Farben des Schmetterlings in aller Ruhe ansehen kannst und seinen leichten Flug, weil er näher kommt, während du einfach nur hier liegst, im warmen Bett, das deine Schwere trägt ...

vielleicht kannst du dir sogar vorstellen, welches Geräusch seine Flügel machen, während er geduldig näher kommt und sich dir freundlich nähert ...

und es ist vielleicht nicht immer der gleiche Schmetterling, der dir die Ruhe bringt, die anfangs noch recht leicht ist ... deshalb können sich auch von Mal zu Mal die Farben verändern, hinter den geschlossenen Lidern, oft unbemerkt ...

und während er näher kommt, ab einer gewissen Grenze, dann sieht man ihn nicht mehr so genau, seine Farben verschwimmen, es wird ein insgesamt gutes Gefühl daraus, eher hell, während er sich nähert, denn er bringt die wohltuende Ruhe, die heilt und erfrischt ...

das Gesicht der Ruhe kennt dein Bewusstsein nicht aus der Nähe, wohl aber ein Teil deines Unbewussten, das mit ihr sogar gut befreundet ist, sie voller Freude willkommen heißt und ihr Gesellschaft leistet, solange sie bei dir ist ...

und im Laufe der tiefen Ruhe hat der Schmetterling viele Dinge zu erzählen, und er ist fröhlich und lacht viel dabei ... er ist von Natur aus großzügig und sehr liebevoll ... er hat schon alles von der Welt gesehen und berichtet dir bereitwillig von allem, was du wissen möchtest, und du träumst vielleicht von dem, was er dir erzählt ...

und manchmal, wenn du es wünschst und es dir gut tut, nimmt er dich ein Stück mit auf seine Reise, um dir Dinge zu zeigen, die dir Freude machen. Er kennt dich gut und lange und weiß, was dir gut tut ...

und wenn ihr so auf Traumreisen seid, denkt dein Bewusstsein vielleicht wieder einmal, es sei nur ein Traum, wenn er dich auf seine Schwingen nimmt und dich hinaufträgt in die Tiefe des Himmels und in die Welt der Fantasie und dir zeigt, was gut ist für dich und wie du es dir holen kannst ...

und nach einiger Zeit bringt er dich dann wieder zurück und setzt dich sanft ab ... er verabschiedet sich freundlich und verspricht dir, jederzeit wiederzukommen, sobald du es wünschst ... und bevor er weiterfliegt, verrät er deinem Unbewussten noch ein kleines Geheimnis, wie du ihn in schwierigen Fällen besonders schnell zu dir kommen lassen kannst, wie du die Stürme und Winde, die ihn abhalten könnten, schnell abflauen lassen kannst ... und du lernst es von ihm in aller Ruhe ...

und so schließt du diese Dinge in deiner eigenen Geschwindigkeit ab ... ... wirst mit jedem Einatmen frischer und klarer ... kehrst mit neuem Wissen hierher zurück und bist ausgeruht und erfrischt ...

Die Träume wohnen in den Kopfkissen

Wer weiß schon, woher Träume kommen. Sie sind einfach da – oder auch nicht. Sie können genauso gut aus den Kopfkissen kommen wie aus den Gehirnwindungen oder aus den Wolken.

Indem sie in der Vorstellung im Kopfkissen gesucht werden, auf dem der Kopf des Schlafsuchenden liegt, lenkt dieser seine Aufmerksamkeit nach innen, weg von der Beobachtung, ob er schon schläft oder noch nicht. Das fördert die Entspannung und den Schlaf.

Themenvorschläge für das vorausgehende Gespräch: *Weißt du, woher Träume kommen? Wann träumst du? Wie geht es dir, wenn du träumst? Wovon träumst du besonders gerne (mit Geduld mehreres aufzählen lassen, wenn zu sehen ist, dass das Kind in den Traum »hineingeht«, fördern Sie dies, indem Sie es gewähren lassen und durch geeignetes Nachfragen. Das lässt den Schlaf kommen).*

... du kannst es dir jetzt so richtig bequem machen und dich dann erinnern, mit allem, was dazugehört, an einen erholsamen Schlaf ...

das kann gestern gewesen sein oder irgendwann vor ein paar Tagen, vielleicht auch vor vielen Jahren, es ist nicht wichtig, wie lange es zurückliegt ... vielleicht erinnerst du dich an diesen Geruch des Schlafes, in deinem warmen Bett, auf den du selten achtest und der doch ganz typisch ist, den deine Nase deshalb gut kennt ...

und es gibt die typischen Geräusche des Schlafes, die Geräusche von außen, die allmählich weniger werden, das Rascheln der Bettdecke, vielleicht das Knarren des Bettes ...

es gibt dieses ganz bestimmte Gefühl der Geborgenheit, der Ruhe und auch der Träume, die sogar schon beginnen, wenn du noch wach bist ... die Bilder sind erst normal, dann werden sie irgendwann sonderbar, so wie im richtigen Schlaf die Träume ...

und im Kissen, zwischen den weichen Federn, wohnen die Träume ... und es ist eigentlich egal, ob es wirklich so ist, und wenn es so ist, wie sie dort hingekommen sind oder wann ... genauso unwichtig ist es, was dein oder mein Verstand darüber denkt ... sie sind unsichtbar für das normale Sehen ... sie können meist nur nachts im Schlaf zu uns kommen, dann wenn der Kopf tief hineingesunken ist, in das weiche, warme Kissen und in die wohlige Wärme des gesunden Schlafes, der deinen ganzen Körper eingehüllt hat, so dass du dich so richtig wohl fühlst ...

und abends im Bett, wenn die Dinge des Tages immer mehr von dir wegrücken, zwischendurch wie ein Traum geworden sind, schwerelos, weich und flüchtig ... dann wenn ein Ohr auf dem Kissen liegt, das den Alltag nur noch gedämpft hört und zwischendurch gar nicht mehr

85

... ... kann es dir vorkommen, als ob es aus den weichen Federn heraus erzählt, von schönen Erlebnissen, vom Fliegen über Berge und Wälder, vom Spiel mit schönen Sachen, von Feenwäldern mit zauberhaftem Licht ...

und so träumst du jede Nacht ... manchmal ist es ein besonders schöner Traum, vielleicht als Schmetterling federleicht zu fliegen mit anderen Faltern, zwischen den Bäumen mit ihren grünen Blättern, aus den Blüten süßen Honig zu trinken, unter der Weite des Himmels ...

vielleicht von einer Unterwasserreise als Taucher mit ausreichend Luft, zwischen vielen bunten Fischen, auf der Suche nach einem Schatz ... oder als Fisch mit den anderen Tieren im Meer zu spielen ... im Traum ist alles möglich ...

und wenn du dich umdrehst im Schlaf, auf dein anderes Ohr, dann kommt ein neuer Traum, denn vielleicht sind die Ohren für unterschiedliche Träume empfänglich, vielleicht vom Fliegen auf einer weichen Wolke, so weich wie im Bett, oder auf den weichen Federn eines Vogels, in Sicherheit, dabei kannst du den Wind in den Haaren spüren ...

und es wäre interessant zu wissen, wie es wäre, wenn beide Ohren gleichzeitig auf dem Kissen liegen würden, wenn dann gleichzeitig zwei verschiedene Träume aus dem Kissen kämen, in jedes Ohr ein anderer ... aber wie soll das gehen, zwei Ohren eines Kopfes auf einem Kissen ... zum Glück wissen wir, dass im Traum alles möglich ist ...

dann können sich die beiden Träume verweben zu einem ganz außergewöhnlich schönen Teppich, mit vielen schönen Farben und einer guten Geschichte ...

und so kannst du das leise Flüstern der Träume jetzt noch genießen, als Vorgeschmack auf die kommende Nacht, um den einen oder anderen schönen Traum heute Nacht besonders intensiv zu genießen ...

Der Mantel der Nacht

Auch diese Geschichte erleichtert das Einschlafen. Der Fokus der Aufmerksamkeit wird etwas vom Wunsch (und der damit verbundenen Anspannung) des Einschlafens weggeführt, indem die voranschreitende Nacht mit

*einem Mantel verglichen wird. In die Beschreibungen sind Eindrücke der
Ruhe eingestreut, die unbewusst den Schlaf fördern.*

Themenvorschläge für das vorausgehende Gespräch: *Kannst du dir
die Dunkelheit der Nacht als Mantel vorstellen? Gehören Tag und Nacht
zusammen? Wodurch wird es Tag, und wodurch wird es Nacht? Warum
kannst du nachts besser schlafen als tagsüber?*

... und immer wenn der Tag geht, verändern sich die Farben am
Himmel ... auf der Seite, auf der die Sonne hinter dem Horizont verschwindet, wird der Himmel orange, rosa und violett ... und auf der
anderen Seite des Himmels wird das Blau immer dunkler und geht
dann ins Schwarze über ...

darum kannst du jetzt hier liegen und dich wohl fühlen im warmen
Bett, dein Gewicht dem Bett überlassen für die Nacht ...

und manches, das heute geschehen ist, zieht noch durch deinen Kopf
... vielleicht ist da noch etwas Hektik in den Gedanken, vielleicht
Spannungen in den Muskeln ... und während das alles nachlässt und
die Ruhe sich nähert, geht das Blau am Himmel in ein Rosa über und
verändert sich allmählich in ein leichtes Violett ...

und von der gegenüberliegenden Seite des Himmels kommt die Nacht
heran, langsam und absolut lautlos kommt sie, die Nacht ... sie folgt
immer dem Tag ... auch wenn der noch ganz hell ist, wartet die Nacht
schon auf ihren Auftritt, geduldig und in aller Ruhe ...

und so kannst du jetzt einmal mit dem nötigen Abstand, der dir Ruhe
gibt, auf die Suche gehen, in dir, um herauszufinden, welcher von
all den Gedanken in deinem Kopf am weitesten zurückreicht, zum
Beginn dieses Tages, wenn du magst ... du kannst dir einen Gedanken nach dem anderen anschauen, auf die Suche gehen ... vielleicht
begann die Hektik des Tages schon vor dem Aufstehen, mit dem
Gedanken, was heute wohl wieder alles kommen mag, während da
draußen die Nacht ging, heute Morgen, und der helle Tag sich langsam
ausbreitete ...

während jetzt der Tag weiterwandert, wird das Violett dunkler ...

und die Nacht hat einen schwarzen Mantel an ... sie kommt zwar
langsam, aber sie ist nicht wirklich aufzuhalten ...

Straßenlaternen bilden ein kleines, helles Gewölbe, über das sich der schwarze Mantel der Nacht legt ... und sobald das Licht ausgeht, sinkt der Mantel hinunter, lautlos und schwerelos, sanft und ruhig ...

und die Scheinwerfer von Autos bauschen den Mantel der Nacht auf ... an den Stellen, wo sie auf ihn treffen, weicht er zurück ... und er fällt gleich wieder herunter, wenn die Autos vorüber sind ... die Nacht nimmt es mit tiefer Gelassenheit, vielleicht merkt sie es nicht einmal ... vielleicht gefallen ihr diese Berührungen des Lichtes sogar, und sie spielt mit ihnen auf ihre Art ...

und ich weiß nicht, ob da noch Gedanken übrig sind ... du könntest sie auch ordnen, nach ihrer Größe oder Dicke, oder auch nach Farben ... während die Nacht kommt und von hier weitergeht ... fast alles Violett ist irgendwann verschwunden, begleitet den Abend hinter dem Tag ...

und mit der Nacht kommt die Ruhe ... zuerst ziehen sich die Geräusche draußen immer mehr zurück, dann auch die in den Häusern ... und je weiter die Nacht voranschreitet, desto stiller wird es auch in den Schlafzimmern ...

und mit der Nacht kommt nicht nur die Ruhe, sondern es kommen auch Geräusche, die zu ihr gehören ... wenn der Tag gegangen ist, dann kannst du es genießen, in die Stille der Nacht zu lauschen und den Geräuschen zuzuhören, die sich nachts anders anhören ...

so sind lauwarme Frühlingsabende voller Leben ... und wenn du genau hinhörst, dann hörst du vielleicht das Rascheln der Blätter, spürst das Erwachen der Pflanzen, die nachts wachsen ...

und so kannst du es genießen, hier zu sein ... dein Gewicht liegt im weichen Bett, das dich wärmt, während draußen die Nacht ihren Weg geht ... seit unglaublich langer Zeit schon folgt sie der Sonne ... sie geht immer der Sonne hinterher ... und dort, wo die Sonne ist, kann die Nacht nicht sein ... und doch wird sie irgendwann auch ihr Licht einholen, in unvorstellbar ferner Zeit ... und ihren lautlosen Umhang auch über sie ausbreiten und dann weitergehen, langsam und geduldig immer dem Licht folgen ...

und so kannst du dich dem Lauf des Lebens anpassen, die Ruhe annehmen und dich gründlich erholen ...

Weite Ohren

Kindern wird schon sehr früh vermittelt, dass sie ihren Körper wie ein Instrument benutzten sollen, das ihnen Erfolg im Leben bringen soll. Diese Einstellung fördert Überforderung und – in deren Folge – psychische und körperliche Erkrankungen.

Besser wäre es, wenn Kinder ihren Körper als das wertvollste Gut begreifen würden, das sie haben. Sie sollten ihn wahrnehmen, um seine Grenzen achten zu können, und sie sollten ihn pflegen, damit er gesund und leistungsfähig bleibt und sie lange und zufrieden leben werden.

In diesem Sinne sind die Ohren wichtig. Diese Geschichte fördert nicht nur eine gute Einstellung zum Ohr, sondern sie fördert auch die differenzierte Wahrnehmung von Geräuschen.

Themenvorschläge für das vorausgehende Gespräch: *Welche Töne hörst du gerade? Welche Geräusche hörst du gerne? Was könnte deinen Ohren gut tun? Mögen sie nur Geräusche, oder freuen sie sich auch über Stille?*

... nachdem du dich jetzt zurechtgelegt hast, so dass es richtig bequem ist, kannst du deine Augen schließen, vielleicht erst einmal nur, um zu sehen, dass auch geschlossene Augen noch etwas sehen ... so etwas wie farbige Punkte, Linien und Kreise, das meiste ist grau oder schwarz ...

und ich weiß nicht, was du als Erstes siehst, wenn du deine Augen schließt ... ... und welche Farben im linken Auge zu sehen sind und ob du im rechten Auge andere siehst und ob sich die Farben gleich verändern, wenn du die Augenlider jetzt über die Augen sinken lässt ...

und wie ist das mit den Ohren, während du mit dem Ausatmen entspannst, denn die Ohren sitzen tiefer als die Augen ... du kannst dich ein Stück tiefer sinken lassen, mit dem Ausatmen loslassen ...

und du kannst auch deine Aufmerksamkeit tiefer sinken lassen, zu den Ohren, zum linken oder zum rechten oder zu beiden. Und im Traum ist es möglich, die Ohren in der Stille wachsen zu lassen, sie wie ein Richtmikrofon mal in die eine und mal in die andere Richtung lauschen zu lassen ... oder wie ein Hund, der im Schlaf seine Ohren mal hierhin und mal dorthin dreht .... denn während er tief entspannt ist und etwas Schönes träumt, sind seine Ohren wach und beschützen seinen Schlaf ...

und deine Ohren freuen sich, wenn du sie magst, wie alles an dir sich darüber freut, wenn du dich magst ... und so öffnen sich deine Ohren, wenn du sie spürst, Wärme strömt in sie ein und tut ihnen gut ...

und sie öffnen sich, wie eine Blume es im warmen Licht tut, im warmen Licht der Aufmerksamkeit, so dass die Sonne hineinstrahlen kann ... Wärme breitet sich aus, in beiden Ohren, in alle Richtungen und in ihre Tiefe, wohlige Wärme strömt in beiden Ohren ...

und sie öffnen sich, und die Spannung löst sich dabei von ihnen, fällt ab wie unnötig gewordene Hüllen beim ersten Öffnen einer Blüte im Frühling, die ihre Farben das erste Mal dem Auge der Sonne anbietet ...

und im Öffnen kann es lauter oder still werden in deinen Ohren, so als würde eine Tür geöffnet und wieder geschlossen, durch die kaum noch Geräusche zu hören sind ... es wird weit und angenehm warm und still, denn die Töne, die zu deinen Ohren kommen, haben nun Platz, ausreichend Platz, um sich zu bewegen, in der Weite deiner Ohren ...

und das sind fantastisch schöne Bilder, wenn so ein Ton sich so richtig entfaltet, wie ein Feuerwerk, so farbig, oder wie eine Blumenwiese in der Sonne ...

das Ohr schützt sich durch seine Wärme und Weite ... es kann die Töne einfach laufen lassen, bis sie zur Ruhe kommen, irgendwann ... es kann sie auch in seiner warmen Weichheit auffangen ... und so können alle Töne ihre ganze Schönheit zeigen ... sie können anschwellen und abschwellen, in der Weite des warmen Ohres, können Tanzen in ihrem Schutz ...

deshalb kannst du deine Ohren sich jetzt öffnen lassen und ihre Wärme genießen und die Unterschiedlichkeit der Töne, der einzelnen wie auch der Sträuße, der großen Tonurwälder, in denen Einzelnes kaum getrennt zu hören ist, wie die einzelne reine Blume auf dem kahlen Fels im unbestimmten Rauschen ...

und weil deine Ohren sich freuen, wenn du sie spürst und ihnen Gutes wünschst, wirst du dich nun mit ihnen allmählich zurückorientieren, jetzt, in deiner eigenen Geschwindigkeit, die dir gut tut, hierher zurückkommen .... und dich für den Rest des Tages besonders an den schönen Tönen freuen ...

Gedanken ruhen sich am Wegrand aus

Indem Gedanken in der Vorstellung sichtbar werden, können sie so behandelt werden, wie es auch mit Bestandteilen der sichtbaren Welt möglich ist. Durch die Vorstellung, die Gedanken würden sich so oder so verhalten, werden sie leichter kontrollierbar. Ängste werden dadurch reduziert, Spannungen ebenso.

Wenn die Gedanken »behandelt« werden, ist das Kind ihnen nicht mehr ausgeliefert. Es denkt weniger oder gar nicht mehr über ihre Inhalte nach, sondern beschäftigt sich mit den angebotenen Bildern.

Themenvorschläge für das vorausgehende Gespräch: *Was sind Gedanken? Wie unterscheiden sie sich? Wenn du sie zeichnen würdest, welche Gestalt könntest du ihnen geben? Kannst du dir vorstellen, dass jeder Gedanke einen Auftrag für dich erfüllt?*

... immer wenn der Körper zur Ruhe kommt, lässt ihn seine eigene Schwere hinuntersinken ... und so kannst du das jetzt genießen, die Entspannung im Körper zulassen und genießen ... die Gedanken bekommen in der Ruhe auch immer schwerere Beine und Füße ... sie werden dabei langsam unwichtiger ...

natürlich haben sie keine Beine oder Füße ... aber sie werden leiser und kleiner, die Gedanken und Wichtigkeiten des Tages ...

und wie das wohl aussehen würde, wenn ein Gedanke nach dem anderen sich nach unten sinken lassen würde, in seiner Schwere, dort, wo er gerade ist, sich an den Wegrand in die Ruhe sinken lassen. Er wird dabei kleiner und leiser ...

und mit jedem Gedanken, der sich in die Ruhe sinken lässt, breitet sich mehr Ruhe aus in deinen Gedanken ... und das beruhigt auch viele deiner Muskeln, die nun Pause haben ...

hinter deinen geschlossenen Augenlidern kannst du Farben sehen, die dort immer auftauchen, wenn du deine Augen schließt ... ich weiß nicht, ob du sie schon einmal beachtet hast ... manchmal bilden sich Ringe, die zu farbigen Bällen werden können oder auch zu Linien ... sie sind unterschiedlich intensiv ... ein Blau kann in der Mitte tief gesättigt sein und am Rand weißlich werden, oder auch umgekehrt – ähnlich gefärbt kannst du seltene Steine in der Natur finden, in jeder Farbe ...

während du auch bei geschlossenen Augen Farben sehen kannst, wandern manche Gedanken im Hintergrund durch deinen Kopf ... irgendwann werden auch sie sich ausruhen, wenn sie nicht mehr gebraucht werden ... sie kommen und gehen – im Hintergrund, wie in den hinteren Reihen eines dunklen Kinos, in dem vorne die hellen Bilder des Filmes laufen ...

und vielleicht möchtest du einmal versuchen, die Farben vor deinen Augen zu verändern, um deine Lieblingsfarbe besser herauskommen zu lassen ... dazu kannst du dir vorstellen, wie sie aussieht, deine Lieblingsfarbe, und wenn du sie kommen lässt, kannst du anfangs kleine Veränderungen in den Farben beobachten, während du einfach so hier bist ... dein Körper ruht in seiner Schwere und Wärme, und die Gedanken liegen am Wegrand, einer nach dem anderen sind sie mit schweren Beinen liegen geblieben ... sie genießen dort die Ruhe ... manche schlafen schon tief vor sich hin, am Wegrand in der warmen Sonne, im Gras unter schattigen Bäumen ...

und nur noch einige wenige sind unterwegs, aber auch sie verlieren zunehmend die Lust, und das ist gut so ... die Ruhe in dir kann sich mehr und mehr ausbreiten, wie eine warme Welle, die in jeden Winkel deines Körpers hineinläuft und angenehme Wärme und Ruhe verbreitet ...

dabei können sich bei geschlossenen Augen die Farben verändern ... und mit jeder Farbe, die du kommen lässt, in der Ruhe des Augenblicks, sind Gefühle verbunden ... und gleichgültig, welche Farbe du jetzt siehst, und auch wenn es nur grau ist oder schwarz, du kannst für einen Augenblick etwas genauer hinspüren, um zu fühlen, welches Gefühl für dich zu dieser Farbe gehört ...

dabei kann sie sich ausbreiten vor deinem Auge ... vielleicht spürst du das Gefühl, das zu ihr gehört, wie eine Welle irgendwo im Körper, unter oder über der Haut, vielleicht auch in deinem Bauch oder an mehreren Stellen im Körper ... wie ein Prickeln oder wie eine warme Welle, die dich ausfüllt und von innen wärmt ... und so kannst du es genießen, einfach nur dazuliegen, angenehm schwer und wohlig warm, für den Moment ganz für dich da zu sein, für den Moment dich so wichtig zu nehmen, dass du dich selbst in Ruhe lassen kannst, und das ist gut so ...

und du schließt nun diese Dinge ab, um schließlich mit Freude erfrischt und gestärkt jetzt wieder hierher zurückzukommen, vollständig integriert und wach ...

5 Die Fantasie ausbreiten

Auch die folgenden Geschichten entspannen Körper und Psyche. In dieser Entspannung regen sie die Fantasie an, sich jenseits der normalen Vorstellung zu bewegen. Sie fördern dadurch die Kreativität und den spielerischen Umgang mit außergewöhnlichen Ideen. Der so gewonnene innere Freiraum kann sich vielfältig auf den Alltag übertragen: Lösungen für Probleme können unerwartet auftauchen, eine vielleicht ohnehin schon rege Fantasie wird als etwas Natürliches angenommen, wodurch das Kind sich mehr akzeptieren kann und ruhiger wird, diejenigen schulischen Leistungen, die Kreativität fördern, können besser werden.

Das Zeitvolk

Die Zeit scheint so lange absolut und unveränderbar in ihrem Ablauf zu sein, wie wir an eine unumstößliche Objektivität und den Überlegungen unseres Verstandes glauben. Sobald wir uns jedoch dem Erleben zuwenden, ist die Zeit gar nicht mehr gleichmäßig. Vielleicht ist da etwas mit der Zeit, das wir nicht verstehen können, solange wir in den gewohnten Bahnen denken?

Themenvorschläge für das vorausgehende Gespräch: *Was ist Zeit? Wie kannst du Zeit messen? Wann geht die Zeit schnell vorüber, wann ist sie langsamer?*

... du kannst dich jetzt hier ein paar Minuten ausruhen und dabei an die Zeit denken. Ausruhen hat auch etwas mit Zeit zu tun, denn sie geht weiter, während dein Körper sich in ihrer Begleitung erholt ...

wenn du auf eine Uhr schaust, dann siehst du einen Sekundenzeiger, der immer im Kreis herum läuft ... jede Sekunde scheint gleich lang zu sein, und der Zeiger läuft immer weiter, ohne Pause ... ... und wenn wir nicht auf die Uhr schauen, dann sind die Sekunden, Stunden und Minuten alle verschieden lang ... wenn wir etwas Langweiliges tun, dann schleicht die Zeit ... wenn wir etwas Spannendes erleben, dann kann die Zeit sehr schnell vergehen ... nachts, wenn wir schlafen, gibt es keine Zeit für uns, jedenfalls bemerken wir sie erst wieder, sobald wir aufwachen ...

und manchmal ist es so, als ob die Zeit eine Pause einlegen würde ... wenn du gespannt zuhörst oder etwas Schönes spielst, dann kann es so sein ... vielleicht sammelt sie dann ihre Sekunden, Minuten und Stunden um sich herum, um sich mit ihnen über etwas zu unterhalten ...

die Sekunden sind zwar sehr klein, aber sie sind sehr viele und sehr flink ... die Minuten sind größer und langsamer, aber immer noch kleiner als die Stunden ... die Tage sind sehr langsam, und die Bewegungen der Jahre sieht man fast gar nicht, so groß und langsam sind sie ...

du könntest dir vorstellen, dass sich die Zeitfamilien in einem großen alten Raum treffen, sobald wir sie nicht mehr beobachten ... die Zeit ist schon sehr alt ...

der Raum, in dem sie sich versammeln, ist sehr groß und sehr gemütlich ... sie treffen Freunde und alte Bekannte, mit denen sie früher in anderen Uhren zusammenlebten ... sie erzählen sich von ihren Erlebnissen und ruhen sich dabei aus ...

und wenn sie dann allmählich alle still werden, erzählt ihnen eine alte Zeit Geschichten von früher, als sie noch alle zusammenlebten, als großes Volk in einem hellen Lichtkreis, bevor sie in das Leben der Menschen kamen und es sich in Sanduhren, in Armbanduhren in großen Uhren an den Küchenwänden, in den Schulen und auf den Bahnhöfen mehr oder weniger gemütlich einrichteten ...

das Ganze dauert ausreichend lange, sie können sich richtig Zeit lassen, denn sie sind ja die Zeit ...

und zwischendurch werden immer wieder einige zurückgerufen, wenn ein Mensch sich an seine Zeit erinnert, weil er einen Termin hat oder vom Schlaf aufwacht oder so ... dann gehen sie schnell zurück, die Sekunden, Minuten und Stunden, damit sie nicht vermisst werden und niemand merkt, dass er auch ohne Zeit leben könnte ...

die Zeit nimmt dann wieder ihre Arbeit auf, sie tickt lautlos in den meisten neuen Uhren und gut hörbar in anderen, meist älteren und größeren wie den Standuhren ...

und so kannst du dich jetzt wieder an deine Zeit erinnern, atmest tief ein und aus, streckst deinen Körper und wirst jetzt wieder ganz wach ...

Ein Stern ist eine Tür

In der Entspannung wird der Mut zum Träumen gefördert. Es wird angeregt, die Perspektive zu wechseln, die »irdische Realität« zu verlassen, um im Himmel, in den Sternen, die schon immer ein Ziel kindlicher Träume waren und sind, etwas zu finden, das es im Alltag zu wenig gibt: Frieden im Miteinander, gegenseitige Akzeptanz, wo sonst Kampf und Feindschaft herrschen.

Themenvorschläge für das vorausgehende Gespräch: *Was sind Sterne? Woran denkst du, wenn du Sterne siehst? Woher kommt das Licht der Sterne? Wenn du in Sterne hineingehen könntest, was würdest du dort gerne finden?*

... abends ist dein Körper müde ... er möchte sich ausruhen, und es tut ihm gut, wenn er irgendwo sitzen oder liegen kann ... und es tut gut, die Ruhe zu genießen ...

wenn es abends dunkel wird, dann wird es auch langsam ruhiger auf den Straßen ... in der Natur schließen manche Blumen ihre Blüten, andere brauchen die Nacht, um zu wachsen ... Hunde schlafen nachts, Katzen und Igel sind unterwegs und suchen etwas zum Fressen ... das Blau des Himmels und auch die Wolken verschwinden im Dunkeln, wie alle Pflanzen und Tiere ... die Augen mancher Tiere leuchten im Dunkeln wie Sterne ...

und selbst wenn es nicht gesagt wurde, bereitet sich dein Körper schon vor dem Schlafen darauf vor, damit er sich nachts ausruhen kann ... die meisten Muskeln lassen ihre Spannung los, damit die Arme und Beine sich sinken lassen können, während du einfach nur zuhörst, mehr oder weniger ... und die Gedanken und die Fantasie dahintreiben lässt, durch das farbige Reich deiner schönen Erinnerungen und Vorstellungen ...

und nachdem der Himmel nachts fast völlig zugedeckt ist, vom dunklen Mantel der Nacht, ist es auf der anderen Seite dieses Mantels vielleicht hell ...

und wie wäre es, wenn die Sterne am Himmel weit entfernte helle Löcher im dunklen Mantel der Nacht wären ... aus der Ferne, vom Fenster eines Hauses betrachtet, sind es kleine, glänzende Sterne, die oben am Himmel zu sehen sind ... durch jedes dieser Sternenlöcher hindurch sieht man nachts im Dunkeln ein wenig von der Helligkeit, die auf der anderen Seite des Mantels der Nacht ist ... die Sterne sind hell, glänzend und geheimnisvoll ... sie liegen in scheinbar unerreichbarer Ferne ... nur in unserer Vorstellung finden wir einen Weg zu ihnen ... es ist, als wüssten wir in unserer Tiefe schon immer, dass die Sterne nur Fenster sind, in eine hellere, friedlichere Welt ...

und wenn du magst, kannst du dich jetzt irgendwie lösen von hier unten und dich wie in einem Traum hinauftreiben lassen, zu einem dieser hellen Sternenlöcher im dunklen Mantel der Nacht ...

dabei kannst du hier ganz locker liegen, darfst dich ausruhen, wohlig warm eingehüllt von deiner Kleidung, während du in der Vorstellung der Sternenöffnung langsam näher kommst ...

und wenn du dann ausreichend nahe bist, kannst du durch den Stern hindurchschauen ... und du brauchst vielleicht ein Weilchen, um dich an das außergewöhnlich helle Licht zu gewöhnen ... sobald deine Augen sich angepasst haben, siehst du auf der anderen Seite so vieles ...

und wenn du dich darauf einlässt und hinschaust, entdeckst du Blumen in vielen Farben, auch Gräser und Bäume verschiedener Größe ... du kannst Tiere sehen ... alle Tiere, die du kennst, sind dort, und alles ist friedlich ... ein Löwe liegt ruhig neben einem grasenden braunen Reh, manchmal unterhalten sie sich sogar miteinander und lachen ... und ich weiß nicht, ob du dir schon einmal vorgestellt hast, wie es ist, wenn ein Löwe lacht ... und alles ist friedlich und hell, die Dinge sind anders als gewohnt, wie im Traum eben ...

irgendwann haben sie dich entdeckt, wie du dort am Sternenrand liegst, mit dem Oberkörper im Licht, die Beine noch in der Nacht, und ein Reh kommt im hellen Sonnenlicht zu dir, langsam und freundlich ... ein mittelgroßes dunkles Wildschwein kommt mit ihm ... wenn du magst, helfen sie dir freundlich hindurchzusteigen, durch das Sternenloch, um zu ihnen zu kommen ... verwundert und auch interessiert kannst du mitgehen, in das Licht, in die Farben ... und sie erklären dir, dass sie nachts im Traum sich oft hier hintreiben lassen, während ihre Körper unten, in der Stille der Nacht ruhen und sich gründlich erholen ...

und du spürst, dass Wärme dich umgibt, dich ganz einhüllt, wohlige Wärme im ganzen Körper ... und am Himmel, über den schönen grünen Wiesen und Bäumen steht die Sonne, denn über dem Mantel der Nacht bleibt die Sonne immer am Himmel, wärmt die Tiere und Pflanzen, gibt ihnen Kraft und ein freundliches Wesen ...

und du hörst und schaust ihnen locker zu, genießt die Wärme und das Licht, spürst den Frieden und das Licht in dir warm und kraftvoll ...

und wenn du dich so umschaust, entdeckst du auch andere Menschen, die sich zwischen den Tieren bewegen ... irgendwie wirken sie wie Kinder und doch auch anders, fast durchscheinend ihre Körper, zart ihre Glieder und freundlich ihre Gesichter ... und nach einer Weile des ruhigen Schauens und Entdeckens fragst du irgendwann, wer das ist, und eines der Tiere antwortet dir, dass es Kinder sind, Kinder, die unten auf der Erde schlafen, denen es noch leicht fällt, sich in der Ruhe von dort unten zu lösen und hinaufzukommen, damit sie hier oben die Wärme und den Frieden genießen können ...

und wenn sie ihren Eltern morgens davon erzählen, dann denken die, sie hätten nur geträumt ... und so hören die Kinder irgendwann auf, davon zu erzählen ... und noch später, wenn sie älter werden, denken sie selbst, es sei nur ein Traum gewesen ... dadurch werden sie schwerer und verlieren meistens den Zugang zur Öffnung in den Sternen – außer manchmal nachts im Schlaf ...

und die Kinder dort, die sich glücklich zwischen den Tieren bewegen, fast schwerelos über das Gras laufen und zwischen den Bäumen spielen, sind alle ausgeruht ... sie wirken wie Elfen ... du schaust an dir herunter und entdeckst, dass du genauso aussiehst ... dein Körper ist leicht und gesund ... und so lässt du dich in die Ruhe sinken und genießt es, gehst zu den anderen Kindern, lässt dir von ihnen Dinge erzählen und spielst mit ihnen ...

irgendwann siehst du, dass immer mehr von den anderen weggehen, zu den Sternenlöchern schlendern ... du folgst ihnen, schaust durch ein Loch hinunter auf die Erde und siehst ganz unten, dass die Nacht inzwischen weitergegangen ist ... der Mantel der Nacht endet dort, wo die Sonne ihre ersten Strahlen in den Morgen hineinschickt ... die Pflanzen, Tiere und Kinder verabschieden sich lachend voneinander und auch von dir ... sie geben einander das Versprechen, bald wieder-zukommen, laden auch dich dazu ein und steigen durch das Loch ... du siehst sie hinunterschweben, schwerelos und lautlos, wie farbige Lichtpunkte ...

ganz unten am Boden verschmelzen sie wieder mit ihrem schlafenden Körper ... und so kehrst auch du zu deinem Körper zurück, der sich inzwischen gründlich erholt hat und sich auf die Bewegung freut ... und so fühlst du deinen Körper jetzt immer deutlicher, wie beim Aufwachen nach einem guten Schlaf ... und wirst in deiner eigenen Geschwindigkeit in den nächsten ein bis zwei Minuten ganz wach und klar ...

Suche nach der Unruhe

Der Versuch, sich zur Ruhe zu bringen, ist oft ohne Erfolg. Ruhe zu erzwin-gen, bewirkt das Gegenteil. Warum es also nicht einmal anders versuchen und sich der Unruhe zuwenden und sie in Ruhe betrachten? Sie hat viel-leicht Seiten, die man bei ihr zunächst nicht vermutet.

Für Erwachsene ist diese Geschichte erstaunlich entlastend, beschäftigt sie sich doch in erster Linie mit Unruhe. Diese auf Kinder zugeschnittene Fassung mag auch ihnen helfen, sich einen gelasseneren Umgang mit Un-ruhe zu bewahren.

Themenvorschläge für das vorausgehende Gespräch: *Was ist Unruhe? Was hat sie mit Ruhe zu tun? Kannst du Unruhe im Körper spüren? Wo spürst du sie am meisten? Hat Unruhe auch etwas Gutes? Wie fühlt es sich an, wenn du ruhig bist? Hast du manchmal die Wahl zwischen Ruhe und Unruhe?*

... diese kleine Geschichte handelt von der Unruhe ... jeder hat sie hin und wieder zu Besuch. Kaum jemand mag sie, und eigentlich versucht niemand, sie zu finden, um sie zu besuchen oder einmal näher anzuschauen. Und so kommt es, dass zwar jeder ein Gefühl von ihr hat, aber niemand weiß, wie sie aussieht oder wie sie sich anhört ...

wer weiß schon, was sie zu sagen hat? Oft will sie etwas mitteilen, das für den wichtig ist, den sie besucht ...

um einmal einen anderen Weg zu gehen, kannst du jetzt deine eigene Unruhe in dir suchen ... mach es dir dabei so angenehm wie möglich ... du kannst alles, was um dich herum ist, für die nächsten Minuten an dir vorüberziehen lassen ... setze oder lege dich so hin, dass du dich jetzt im Moment wohl fühlst ... du kannst dich mit dem Ausatmen ein Stück sinken lassen, in eine angenehme Ruhe, und deine Gedanken für den Moment dahintreiben lassen ...

und während du jetzt diese Geschichte hörst, haben die Aktivitäten des Tages, das, was eben noch war, hier und da im Körper und in den Gedanken eine gewisse Unruhe hinterlassen ... und du kannst anfangen zu suchen, mit deinem inneren Beobachter, nach dieser Unruhe, die vielleicht noch irgendwo in dir zu finden ist, während deine Glieder mit dem Ausatmen jetzt hier hinuntersinken dürfen, in die weiche, warme Unterlage ...

und ich weiß nicht, ob du im Körper anfängst, oder im Gehirn, mit der Suche nach der Unruhe des Alltags ... und du kannst bald Spuren entdecken ... die Unruhe hinterlässt im Körper immer die gleichen Spuren, und irgendwie kennst du sie gut ... da sind Anspannungen in den Muskeln, kalte Hände und Füße, eine gewisse Schnelligkeit der Atmung, des Herzschlags, der nicht nur in der Brust zu finden ist ... und wenn du jetzt in aller Ruhe noch etwas weitersuchst, findest du vielleicht noch weitere Spuren der Unruhe ...

und so näherst du dich allmählich deiner persönlichen Unruhe, während draußen, außerhalb des Hauses, der Wind immer mal wieder eine gewisse Unruhe in die Blätter der Bäume bringt, damit sie danach wieder zurückschwingen, wenn der Wind nachlässt, und für eine Weile sich ganz ruhig hängen lassen können, bis wieder ein Windstoß kommt und immer so fort ...

ich weiß nicht, wie deine Unruhe aussieht, die durch den heutigen Tag entstanden ist, ob es ein kleiner Zwerg ist, mit einer farbigen Zipfelmütze, der flink wuselt, durch die Gänge des Körpers, durch seine Hallen und schmalen Gassen ... vielleicht sieht deine Unruhe aus wie eine kleine weiße oder graue Maus mit wachen braunen Augen ... es könnte aber auch ein Kribbeln sein irgendwo, manchmal im ganzen Körper ... sie könnte aber auch irgendwie ganz anders aussehen, während du einfach nur hier sitzt oder liegst, angenehm schwer und wohlig warm ...

und so kannst du dich ihr jetzt nähern, der Unruhe, so weit, dass du hin und wieder auch schon einmal einen Blick auf sie werfen kannst ... während irgendwo draußen der Wind über die Dachziegel streicht, manchmal lautlos, hebt er dieses oder jenes Blatt vom Boden auf und lässt es wieder los, so dass es fast schwerelos hinunterschwebt, ganz langsam auf der Luft tanzend ...

um irgendwann unten anzukommen, wo es dann liegen bleibt, bis zum nächsten Windstoß ...

und wenn du einmal zurückblickst, in deiner Erinnerung, jeder Gedanke, jedes Geräusch, auch jeder Schmerz hat irgendwann aufgehört ... er ist zunächst vielleicht nur einmal kurz abgeklungen, hat aber immer irgendwann ganz aufgehört, eine bedeutende Rolle in deinem Leben zu spielen ...

und vielleicht merkst du schon jetzt irgendwie, dass sie unwirklicher wird, die Unruhe, weil sie beginnt, sich aufzulösen ... so wie das Geräusch eines in der Tiefe des Himmels vorüberfliegenden Flugzeugs, das mal laut, mal leise zu hören ist und ganz allmählich, aber ganz sicher verschwinden wird ...

so taucht auch deine persönliche Unruhe hier und da noch einmal auf, um dann zu verschwinden ... und nur die Spuren erinnern irgendwann noch daran, dass sie da war, die Unruhe ... hin und wieder schaut sie noch einmal herein, aber eigentlich möchte sie nach Hause gehen und sich ausruhen ...

denn, wie du weißt, es ist auch anstrengend, Unruhe zu verbreiten oder gar unruhig zu sein ... und so braucht denn jede Unruhe immer wieder auch ihre Ruhe, um für den nächsten Unruhealltag genügend ausgeruht zu sein ... um dann in aller Ruhe Unruhe verbreiten zu können, in den Gassen und Hallen des Körpers ...

und manchmal begrüßen wir sie, die Unruhe, denn ohne Unruhe würden wir Ruhe nicht kennen und schätzen ... und so kannst du dich mit aller Zeit, die du in den nächsten ein bis zwei Minuten dafür brauchst, für heute verabschieden von deiner Unruhe des heutigen Tages ...

und dann, nachdem es jetzt für dich in Ordnung ist so, wirst du diese Dinge abschließen und in deiner eigenen Geschwindigkeit mit deiner Aufmerksamkeit hierher zurückkommen, in diesen Raum und in diese Zeit ... und die innere Ruhe weiterhin genießen, während du nun ganz klar und wach wirst, mit jedem Einatmen mehr und mehr ...

Drachenflieger

Nach einer anstrengenden Wanderung auf einen Berg (diese Erinnerung steht beispielhaft für jede Anstrengung) fällt es leichter, sich auszuruhen. In der Ruhepause kann das Kind seine Fantasie schweifen lassen. Indem es sich vorstellt, vom Berg abzufliegen, löst es sich auch aus seinem Alltag.

Aus der anderen Perspektive, von weit oben werden (auf unbewusster Ebene) Veränderungen leichter vorstellbar. Sobald sie vorstellbar sind, sind sie auch leichter realisierbar.

Themenvorschläge für das vorausgehende Gespräch: *Bist du schon einmal auf einem hohen Berg gewesen? Kannst du dich daran erinnern, wie es war, sich dort auszuruhen und in die Täler hinabzuschauen? Kannst du dir vorstellen, wie es sich anfühlt, mit einem Drachen zu fliegen?*

... deine Arme und Beine freuen sich, wenn sie nach einer Anstrengung einfach nur rumhängen können, um sich dabei zu erholen ... und während du jetzt bequem auf deinem Stuhl sitzt, kannst du dir jetzt einmal vorstellen, dass du auf einen hohen Berg gegangen bist ... und weil die Beine erst einmal müde sind, wenn du zu Fuß auf einen Berg gegangen bist, tut es dir gut, dich irgendwo auszuruhen ...

auf dem höchsten Punkt, mit der besten Aussicht, setzt du dich oben auf eine Bank oder auf einen warmen Stein, um deine Beine ausruhen zu lassen, in der Wärme zu dösen ... und du lässt es dir jetzt gut gehen dabei ... du hast vielleicht Hunger, isst ein mitgebrachtes Vesper, trinkst etwas dazu und lässt dabei deinen Blick träge in die Runde schweifen ...

vielleicht hast du einen Freund oder eine Freundin dabei ... dort sind irgendwo Bäume, Blumen, Gräser mit ihren Farben und Formen, und vielleicht erinnerst du dich sogar an ihren Geruch ... du hast viel Zeit dafür, während du dich ausruhst ...

am Himmel sind Vögel zu sehen und zu hören, ganz weit oben ein Bussard, vielleicht ist es auch ein Adler, da sind außerdem Raben und andere Vögel ... manche zwitschern oder krächzen ...

nachdem du dich ausgeruht hast, schaust du dich dort oben ein bisschen um ... wenn du auf einen trockenen Maulwurfhügel trittst, wird Staub aufgewirbelt ... irgendwo unter dir versteckt der Maulwurf sich in seinen Gängen und Höhlen, lauscht auf deine Schritte und gräbt weiter, sobald er dich nicht mehr hört ...

in einiger Entfernung und etwas seitlich von dir bereitet sich ein Drachenflieger auf seinen Start vor ... du beobachtest ihn von deinem sicheren Ruheplatz aus, wie er sich darauf vorbereitet, seine Reise durch die Luft anzutreten, wie er mit den Händen seinen riesigen bunten Drachen zu seinem Startplatz trägt ...

er ist offensichtlich ein erfahrener Flieger ... mit großer Sicherheit und Gelassenheit verändert er noch dies und jenes an seinem Fluggerät und an seiner Kleidung ... dann geht er auf die Rampe, konzentriert sich einen Moment und steht dabei reglos da, als würde er Verbindung mit dem Wind aufnehmen, sich mit ihm unterhalten ... vielleicht bittet er ihn darum, wieder sicher von ihm getragen zu werden ... dann beugt er sich über die Rampe hinaus, der Wind bewegt seine Kleidung und seine Haare, der Stoff des Drachens fließt wellenförmig auf dem Wind ...

er geht langsam einige Meter zurück, hält kurz an ... und läuft nach vorne los ... ein paar Schritte nur und wird auch schon davongetragen, hinaus und aufwärts in die Tiefe des blauen Himmels ...

er legt sich vertrauensvoll auf den Wind, sinkt ein kurzes Stück nach unten und wird aufgefangen und davongetragen ...

von deinem sicheren Platz auf dem festen Boden der Erde aus beobachtest du in Ruhe und mit Interesse, wie er dahingleitet, sich tragen lässt, nach oben getragen wird und wieder tiefer sinkt, dabei die Landschaft unter sich beobachtet ... der Wind streicht sanft durch sein Haar, berührt ihn zärtlich, zupft hier und da an seinem Anzug, rüttelt auch schon einmal kräftiger am Stoff des Drachens, während er ihn sicher und geborgen trägt ...

der Drachenflieger lenkt seinen Flug in die richtige Richtung, gemächlich, vielleicht sogar etwas träge folgen deine Augen dem Gleiten des bunten Dreiecks unter der wissenden Führung des Fliegers, während er ganz langsam tiefer schwebt und seine Schwerelosigkeit genießt dabei ...

während du dem Flieger zuschaust, kannst du dich zurücklehnen und entspannen ... wenn es dir angenehm ist, auch die Augen schließen und die Entspannung genießen ...

sich treiben lassen können ... alles, was zuvor war und was danach vielleicht kommen wird, vergessen können ... für diesen Moment, im tiefen Vertrauen auf die eigenen unbewussten Fähigkeiten ... die Farben genießen, das Grün der Bäume, das tiefe Blau des Himmels, seine unendliche Weite wie eine schützende Glocke über sich, für eine ausreichend lange Zeit alles weit und nah genug entfernt, darüber schweben dürfen wie im Traum ...

dabei der Erde allmählich wieder näher kommen ... die Landschaft dort unten wird deutlicher ... wie in Zeitlupe auf eine riesige grüne Wiese hinunterschweben, die voller bunter Blumen ist, noch einmal ausgiebig die Schwerelosigkeit genießen, das Freisein von Regeln, die unter manchen Umständen ihre Gültigkeit verlieren, um danach wieder gültig zu werden, manchmal weniger streng ... mit der Leichtigkeit eines Vogels auf dem sicheren Grund der Wiese ankommen, sich vom Drachen lösen, der sich nun in der Wiese ausruhen kann, um sich daneben in das warme, weiche Bett des Grases zu legen, die Schönheiten des Fluges noch einmal gründlich nachwirken lassen ...

zwischen bunten Blumen und den Düften der sonnengewärmten Pflanzen einfach nur daliegen und träumen, vielleicht im kühlen Schatten eines Baumes, um sich hier tief auszuruhen, in der wohltuenden Sicherheit, festen Boden unter dem Körper zu haben, sich tief ausruhen können ...

und all das kannst du beobachten von deinem Platz aus, oben auf dem Berg, auf dem du dich ausgeruht und Kraft geschöpft hast. Deshalb wirst du dich nun allmählich wieder von diesen Eindrücken lösen ... . gehst deinen Weg hierher zurück, in deiner eigenen Geschwindigkeit, spürst deinen Körper wieder deutlicher, seine Erholung, seine Wärme, seine Kraft .... um jetzt ausgeruht und frisch wieder hier anzukommen, in diesem Raum und in dieser Zeit ...

Farbige Regentropfen

Woher kommen Träume? Wirklich niemand kann diese Frage letztlich beantworten. Dass sie nicht in Regentropfen transportiert werden, nehmen wir nur an – und manche von uns denken, sie wüssten, dass es nicht so ist. Lassen wir doch den Kindern die Freiheit ihrer Vorstellungen. In diesen Quellen werden die Veränderungen des Alltags geboren, die dann »harte« Realität werden.

Themenvorschläge für das vorausgehende Gespräch: *Kannst du dich an einen Traum erinnern? Was kommt in deinen Träumen gewöhnlich vor? Welche Träume findest du schön? Wovon würdest du gerne träumen?*

... du kannst dich jetzt hier in der Wärme zurücklehnen ... und mit dem Ausatmen fällt es dir leichter, Spannungen loszulassen, damit dein Körper sich ausruhen und erholen kann ...

und dort, wo die Bilder hergestellt werden in dir, die nachts durch deine Träume ziehen, irgendwo dort werden auch deine Erinnerungen gelagert ... unzählige Bilder, viele schöne Erinnerungen sind dabei ...

nachts in den Träumen verbinden sich die Erinnerungen und die Fantasie zu Bildern oder kleinen Geschichten, die dir gut tun ... und das kannst du jetzt zulassen, während du dich entspannst ... zulassen, was dir gut tut ...

vielleicht geht es dort zu wie in einem Filmstudio, und der Regisseur kommt dir gut bekannt vor, du weißt ganz sicher, irgendwoher kennst du ihn, während deine Glieder die Gelegenheit nutzen und sich jetzt weiter ausruhen und erholen ...

wenn es regnet, nachts während du schläfst, dich in einem warmen und weichen Bett erholst, dann könnten unter den vielen normalen

Regentropfen, die vom Himmel herunterfallen und auf das Dach irgendwo über dir prasseln, immer auch ein paar Tropfen sein, die ganz anders sind als die anderen ... sie sehen auf den ersten oder auch zweiten Blick aus, wie Regentropfen normalerweise eben aussehen ... und du kannst dich erinnern, wie ein Regentropfen aussieht, während du dich jetzt hier erholst ...

und diese anderen Tropfen, die mit den normalen Tropfen herunterfallen, kommen nicht von dort, wo die Regentropfen normalerweise herkommen ... auch in ihrer Zusammensetzung und Bestimmung unterscheiden sie sich von den normalen Tropfen ... sie kommen von viel weiter oben, von weit über den Wolken, von so weit her, dass es uns fast nicht möglich ist zu wissen, woher sie kommen ... und doch gibt es tief in uns eine Ahnung, wo sie herkommen ...

sie sehen übrigens auch anders aus als ein normaler Wassertropfen ... wenn du ganz nah herantrittst, in deiner Vorstellung, und ganz genau hinschaust, dann erkennst du vielleicht irgendwann, dass sie nicht durchsichtig sind wie das Wasser, sondern schillernd farbig, irgendwie geheimnisvoll farbig, irgendwie faszinierend geheimnisvoll farbig ...

und wenn sie auf dem Dach über dir ankommen, dann fallen sie einfach durch die Ziegel hindurch ... ohne Spuren zu hinterlassen, fallen sie einfach weiter ... und sobald sie dein Bett erreichen, fallen sie in deine Träume, zerplatzen dort schwerelos und lautlos zu schönen Bildern und Melodien ...

zu überraschenden Ideen ... ... und schönen Gefühlen ... ... und solche Träume sind besonders schön und erfrischend ...

und es sind nicht bei jedem Regen solche Tropfen unterwegs, sie kommen nur manchmal ... und sie kommen eigentlich auch gar nicht aus weiter Ferne, und morgens, wenn du aufwachst nach einer solchen Regennacht, fühlst du dich manchmal besonders wohl, beschenkt und fröhlich ...

du kennst es, du bist dann gelassener, und die Dinge laufen dir besonders gut von der Hand, und du hast das Bedürfnis, den Menschen um dich herum etwas abzugeben von der Freude in dir ... vielleicht durch ein Lächeln ... deshalb kannst du dich auf die nächste Regennacht freuen, und auf diese besonderen Tropfen, die immer mal dabei sind ...

sie kommen übrigens zu jedem Menschen ... und vielleicht regnet es heute nacht ...

und sie kommen auch, wenn es nur woanders regnet und bei dir ein klarer Himmel ist ... ihnen ist es eigentlich ziemlich egal, wo die normalen Regentropfen hinfallen, sie suchen sich ihren Weg schon auch alleine ...

und so wirst du nun innerhalb der nächsten ein bis zwei Minuten diese Fantasiebilder abschließen und mit dem Einatmen Frische und Klarheit sammeln ... dein Körper und dein Verstand bereiten sich auf das wache Erleben des Tages vor ... um ihn ausgeglichen und mit Freude zu verbringen, wirst du jetzt wieder ganz wach ...

Eine Ameise in der Aufmerksamkeit

Die Aufmerksamkeit bestimmt, was wir wahrnehmen. Wir setzen uns selten bewusst mit der Aufmerksamkeit auseinander – und noch seltener denken wir darüber nach, wie wir sie lenken können, um Einfluss auf unsere Gedanken und Gefühle zu nehmen.

Durch die Beobachtung der Aufmerksamkeit fördern wir Ruhe. Es lenkt unsere Aufmerksamkeit auf unsere Sinne und deren Wahrnehmungen und auf unsere Gefühle und Empfindungen.

Der Vergleich mit einem Kind fördert das Abgeben von Kontrolle über die Aufmerksamkeit und vertieft die Dissoziation von unserem normalen Umgang mit Wahrnehmung – ein neuer Umgang wird ermöglicht.

Themenvorschläge für das vorausgehende Gespräch: *Was siehst du im Moment? Was siehst du, wenn du deine Augen schließt? Was fühlst du, wenn du einen Stein anschaust? Hast du andere Gefühle, wenn du eine Katze anschaust? (Das Gleiche kann mit dem Hören, mit Berührungen, Riechen und Schmecken durchgespielt werden.) Gibt es etwas, das dich beruhigt, wenn du es anschaust? Kannst du deine Gefühle also lenken, indem du bestimmst, was du anschaust?*

... und wenn du dich jetzt bequem hinsetzt oder hinlegst, kann sich die Ruhe in deinem Körper besser ausbreiten ... sie entspannt deine Muskeln, deine Gedanken werden freier ... je mehr die Ruhe sich ausbreitet, desto freier wird auch deine Aufmerksamkeit und desto leichter lässt sie sich lenken, von deinen Wünschen, von deiner Absicht ...

und sie kann sein wie ein Kind, das sich etwas Interessantes sucht ... es schaut sich um, bleibt länger dort, wo es ihm gefällt, und bewegt sich dann weiter durch den Raum, nur sich selbst verpflichtet, seine Gefühle lebend ...

und das Kind ist vielleicht tief versunken in die Betrachtung eines Blattes, das vor ihm liegt, oder in die Beobachtung einer kleinen Ameise, die zwischen seinen kleinen Füßen läuft und ein Gewicht trägt ... und in der Ruhe kann es ganz gelöst der Ameise zuschauen ...

und während die Ameise ihren Weg geht, vielleicht tüchtig schwitzt und vor sich hin bruddelt, wer weiß das schon, wir würden sie ohnehin nicht verstehen, sitzt oder liegt das Kind dort ganz bequem und interessiert, und seine Augen bewegen sich mit der Ameise, der Körper dagegen ist locker und gelöst ... das meiste andere ist aus seiner Aufmerksamkeit verschwunden, für diesen Moment ...

um zu verstehen, beginnt es vielleicht sogar ein bisschen zu fühlen und zu denken, wie eine Ameise wohl fühlen oder denken würde, vielleicht verbinden sich in solchen Momenten irgendwie sogar die Aufmerksamkeiten untereinander, die des Beobachters und die des Beobachteten, wer weiß das schon ...

würde man die Eltern, die mit etwas anderem beschäftigt sind, in diesem Moment fragen, wo ihr Kind ist, sie wüssten es vielleicht, aber ganz sicher wüssten sie nichts von seiner Verbindung mit der Ameise, jedenfalls nicht bewusst, denn die bewusste Aufmerksamkeit kann sich immer nur mit einem Gegenstand befassen, und deshalb ist es gut, dass wir vergessen können, deshalb ist es wichtig, dass wir uns erlauben, die unwichtigen Dinge zu vergessen ...

und später dann, wenn Eltern und Kind sich unterhalten, über den Ort, an dem sie gemeinsam waren, dann verstehen sie einander vielleicht nicht, denn die Eltern können nichts anfangen mit einer Ameise, die zwölfmal hin und her gelaufen ist und dabei ein paar Nadeln von einem Tannenbaum und eine tote Wespe transportiert hat und dabei große Hindernisse zu überwinden hatte ... sie haben keine Ameise gesehen, waren mit etwas anderem beschäftigt ...

und so gibt das Vergessen unserer Aufmerksamkeit die Möglichkeit, flexibel zu sein ... deshalb kannst du es jetzt genießen, einfach nur hier zu sein, du selbst zu sein und dich zu fühlen, denn es tut dir gut ...

um jetzt in deiner eigenen Geschwindigkeit wieder ganz wach zu werden und frisch, in dieser Realität und in diesem Raum ...

Teich zwischen Felsen

Gewässer wie Seen oder Teiche findet man in der Literatur häufig als Metapher für die eigene Tiefe. Ein Teich ist kleiner als ein See und weniger tief, er löst deshalb weniger Ängste vor der (eigenen) Tiefe aus.

Themenvorschläge für das vorausgehende Gespräch: *Was für Teiche kennst du? Was findet man in ihnen auf ihrem Boden, wenn man hineinschaut? Wenn du ein Teich wärst, was gäbe es alles in dir zu entdecken?*

... und während du jetzt hier bist und mehr oder weniger zuhörst, kannst du es dir gemütlich machen ... denn es ist viel angenehmer, hier zu sein, wenn es gemütlich ist, weil die Muskeln sich dann ausruhen können, und so mancher Muskel ist vielleicht froh darüber, mal rumhängen zu dürfen, jetzt ...

und weil mit der Ruhe die Wärme sich ausbreitet, kannst du für den Moment so manches vergessen, was sonst wichtig ist oder auch nur so scheint ... ... und wie es wohl wäre, wenn du es dir jetzt auf einer weichen Wiese in der Sonne gemütlich machen würdest, vielleicht in der Nähe eines flachen klaren Teiches, der zwischen hellen Felsen eingebettet sein kann, vielleicht in der Form einer bequemen Badewanne ...

der Teich ist ziemlich flach, er ist ganz klar und sauber, der helle Boden ist deutlich zu sehen ... Steine liegen dort, kleine Muscheln und Sand und anderes, Fische schwimmen in ihm, manche ruhen sich irgendwo aus ...

und von oben, von der glatten Felswand, in die der kleine Teich eingebettet ist, tropft ganz langsam klares und reines Wasser herunter, ein Tropfen nach dem anderen ...

und du kannst zuhören, wie die Tropfen in das Wasser fallen, das hat etwas Beruhigendes in seiner Gleichförmigkeit ...

vielleicht hast du die Augen geschlossen, während die Sonne dich wärmt, dich am ganzen Körper warm einhüllt, vom blauen Himmel herunter ... und deine Ohren den gleichmäßig fallenden Tropfen zuhören ...

beides beruhigt deine Gedanken und wärmt dich von innen, deshalb kannst du dich jetzt mit einigem Vertrauen hineinsinken lassen, in diesen Moment der Ruhe, um dich zu erholen ...

und um Frische und Erneuerung mitzubringen, während du den See jetzt wieder verlässt und dich jetzt in deiner eigenen Geschwindigkeit hierher zurückorientierst .... dabei wirst du jetzt mit jedem Einatmen klarer und wacher ...

Wüstenreise

Sich von dem langsamen Schritt eines Kamels in der warmen Wüste tragen zu lassen, in die unbekannten Länder der Fantasie hinein. Kreative Prozesse werden durch die ganz andere Landschaft, die nur aus Erzählungen bekannte Fortbewegung gefördert.

Sich tragen zu lassen, hat Loslassen zur Voraussetzung. Sich einem kundigen Führer anzuvertrauen, setzt Vertrauen voraus. Die Wüste steht unter anderem für Weite, ferne Länder und Wärmeempfindung. Es gibt Oasen dort, das sind in der Vorstellung oft Plätze, die wie Paradiese geschildert werden. Dort kann man Schutz finden, Schatten und Wasser.

Das bietet Grundlagen für Träume. Kinder können in einer geträumten Oase Schutz finden und Nährstoffe, wenn sie einer destruktiven Schul- oder Familienrealität ausgesetzt sind.

Themenvorschläge für das vorausgehende Gespräch: *Was fällt dir ein, wenn du an eine Wüste denkst? Wie fühlt es sich an, im warmen Sand zu liegen oder zu gehen? Was würdest du gerne in einer Wüste finden?*

... und zwischendurch tut es immer mal gut, sich hinsetzen oder hinlegen zu können, gleichgültig wie schwer deine Glieder sich anfühlen, sie können einfach nur daliegen ...

und überraschend schnell kann Ruhe sich ausbreiten, in der du dich irgendwie erholst, während deine Fantasie freier wird ...

und ich weiß nicht, wie gut du es dir vorstellen kannst oder wie es in einem deiner nächtlichen Träume aussieht, wenn du nach einer langen Reise in einem warmen Land vor einer Sandwüste stehst ...

so weit du schauen kannst, liegt dort nur Sand ... zu Hügeln zusammengeweht und zu kleinen Bergen, feiner, heller Sand ...

er ist trocken und warm, hat schon lange keinen Regen mehr gespürt ... und du kannst dir jetzt einmal vorstellen, wie es wäre, wenn du die helle und heiße Wüste auf dem Rücken eines Kamels durchqueren würdest, geführt von jemandem, der sich gut auskennt ...

und wie es sich wohl anfühlt, wenn du aufsteigst, auf den staubigen, und haarigen Rücken des geduldigen Tieres, in geeigneter Kleidung, auf ein farbiges Tuch ...

während du einfach nur hier liegst, angenehm schwer oder leicht und wohlig warm ...

und anfangs mag es sich sehr fremd anfühlen, sich tragen zu lassen, sanft geschaukelt zu werden, aber irgendwoher kommt es dir bekannt vor, und es war schon damals sehr angenehm, sich tragen zu lassen ...

und eine gewisse Kontrolle ist immer gut, besonders dann, wenn man etwas Neues ausprobiert ...

und allmählich gewinnst du Vertrauen in das Kamel, deine Muskeln entspannen sich, und du gibst dein Gewicht ab, überlässt dich dem gleichmäßig wiegenden Schritt des kräftigen Kamels, dessen Füße über den weichen Sand laufen, wie über Watte ... und das Kamel weiß sehr gut, wie es über den Sand laufen muss ... auch die Wärme der Sonne lässt dich zur Ruhe kommen ...

die Stimme deines Begleiters wirkt mit ihrer eigenartig fremden und doch bekannten Melodie beruhigend auf dich ... er erzählt von fremden Ländern und schönen Oasen, von Abenteuern und Heldentaten, von Gefühlen, die daran beteiligt sind ...

und obwohl du die Worte nicht immer verstehst, öffnet sich dir doch eine bunte Welt, während du die Augen schließen kannst, auf dem

Kamel, nachdem du genügend Vertrauen gewonnen hast, und so vergeht die Zeit anders als gewohnt ...

deshalb könntest du nicht sagen, wie lange du dich schon tragen lässt und der Stimme zuhörst, denn es ist auch gleichgültig unter der ewig warmen Wirkung der Sonne ... du genießt es jedenfalls sogar jetzt ...

und irgendwann haltet ihr irgendwo an einer grünen Oase ... dort ist ein alter Mann, der freundlich mit dir spricht, oder ist es eine Frau ... das Alter und die weise Freundlichkeit haben die Unterschiede verwischt, in einer Sprache, die du nicht kennst und doch klar verstehst ... und nicht einmal dein Verstand wundert sich darüber ...

schließlich bekommst du noch ein Geschenk, für das du dich bedankst ... du kannst auch etwas zurückschenken ... bald sitzt du wieder auf dem staubigen Rücken, das Kamel hat getrunken und Gras gefressen und ist nun fit und trägt dich gerne zurück ... auf dem Rückweg durch den warmen Sand steht die Sonne tiefer, und während du auf dem schaukelnden Kamel sitzt, überlegst du, ob du alles nur geträumt hast oder ob es wirklich war ... und kannst dich dabei noch einmal entspannen und die Ruhe genießen ...

nach einiger Zeit erreichst du dein Ziel, staubig und mit vielen Eindrücken von deiner Reise ... du steigst ab, erfrischst dich an einem Brunnen mit klarem Wasser und wirst dabei wach und frisch und wachst jetzt in deiner eigenen Geschwindigkeit hier bei mir wieder auf ...

Eine Wolke aus Stein

Steine sind schwer! Sind Steine immer schwer? Es gibt sicher keine Steine, die fliegen können. Aber man könnte sich vorstellen, wie es wäre, wenn sie es könnten.

Indem sie sich in der Fantasie nachts verwandeln, können sich vielleicht auch andere Meinungen von Dingen wandeln – und auf diese Weise Lernprozesse in Gang setzen und Lösungen eröffnen.

Themenvorschläge für das vorausgehende Gespräch: *Sind alle Steine, die du kennst, gleich schwer? Möchtest du manchmal etwas tun, das andere können, von dem du aber glaubst, du kannst es nicht? Was könnte so etwas sein? Kannst du dir vorstellen, dass du es tust – wie in einem Traum?*

... während du dich jetzt hier etwas ausruhst, kannst du deine Arme und Beine sinken lassen, denn sie können die Pause genießen ...

wenn wir Steine sehen, in ihrer Schwere und Unbeweglichkeit, dann halten wir sie für leblos und starr ... wir sehen nie, dass sie sich von alleine bewegen, und wir hören nie, dass sie irgendwelche Laute von sich geben ... aber es könnte auch anders sein ... meistens liegen Steine über sehr lange Zeiten auf ihrem Platz, den sie irgendwann und aus irgendwelchen Gründen dort gefunden haben ...

wenn ein Stein fühlen könnte, wie würde er sich dann wohl fühlen, mit seiner Schwere, wenn er zur Ruhe kommt ...

vielleicht ist ein Stein nicht immer schwer ... vielleicht ist er zu bestimmten Zeiten leicht wie eine Wolke ... wer weiß das schon wirklich ... vielleicht ist er dann, wenn wir nicht hinschauen, nachts zum Beispiel, leicht wie eine der Wolken am Himmel ... dann lässt er sich vielleicht sogar aufsteigen, in den Himmel, schwebt zu den anderen Wolken, weit hinauf in die Tiefe des Himmels ...

er vergnügt sich dort auf seine Weise und freut sich über seine Leichtigkeit, der Stein, der nachts wie eine leichte Wolke am Himmel schwebt ...

und rechtzeitig bevor es Tag wird, lässt er sich wieder hinuntersinken auf den Boden ... und dort wird er wieder ganz schwer ... er breitet seine kurzen Steinarme und Steinbeine aus und lässt sich ganz schwer sinken ... auch sein Steinkopf sinkt hinunter, in seiner angenehmen Schwere, in den Sand oder in das Gras, angenehm schwer ...

und unten auf der Erde träumt er von seinen Erlebnissen der letzten Stunden, wie es war, in der Weite des Himmels zu schweben ... und er freut sich daran, während er in seiner Fantasie noch immer durch den Himmel schwebt, nahe an den Sternen, leicht und unbeschwert und fröhlich ... und er kann es gleichzeitig genießen, mit seiner Schwere einfach nur dazuliegen ...

und der Mensch, der im Morgenlicht an ihm vorübergeht, vielleicht seine Hände auf ihn legt und ihn zu bewegen versucht, weiß nichts von seiner verborgenen Leichtigkeit ... und so fliegen die Steine vielleicht immer, wenn sie unbeobachtet sind, als Wolken in der Tiefe des Himmels ... und wenn sie sich besonders vergnügen, dann fallen Freudentränen aus ihnen auf die Erde, und der Mensch denkt, die Wolken würden weinen ... in Wirklichkeit lachen sie so sehr, dass sie wieder schwer werden und als Tropfen zur Erde zurückkommen ... vielleicht sprechen wir deshalb manchmal von schweren Wolken ... und weil es schön ist, sich mit aller Schwere leicht treiben zu lassen, kannst du dieses Gefühl jetzt noch einmal ausgiebig genießen ...

um danach in deiner eigenen Geschwindigkeit in den nächsten zwei Minuten hier wieder frisch und wach zu werden ...

Katze in der Wärme

Manche Tiere geben uns gute Beispiele für Entspannung. Katzen suchen sich die wärmsten Ruheplätze aus, auch wir mögen gemütliche, warme Orte. Katzen kümmern sich viel um die Sauberkeit ihres Fells und zeigen uns damit, wie wir mit unserer Haut und unserem Körper umgehen sollten.

Diese Geschichte hilft, sich durch das Einfühlen in eine Katze vorzustellen, dass es auch in uns ein inneres Wissen gibt, dem wir vertrauen können.

Themenvorschläge für das vorausgehende Gespräch: *Kennst du eine Katze? Hast du schon einmal beobachtet, wie sie in der Wärme liegt, sich putzt und sich wohl fühlt dabei? Wenn du eine Katze wärst, was hättest du gerne für ein Fell (Farbe und Haarlänge) und wo würdest du gerne liegen?*

... während du dich jetzt entspannst, kannst du mir mehr oder weniger aufmerksam zuhören oder deine Gedanken einfach treiben lassen und ein bisschen vor dich hin träumen ...

vielleicht habt ihr zu Hause eine Katze, oder du kennst eine aus der Nachbarschaft ... du hast vielleicht schon einmal eine Katze beobachtet, die sich in die Sonne gelegt hat ... Katzen mögen die Wärme sehr ... sie nehmen gerne die Wärme auf, die von einem sonnenwarmen Stein in ihren Körper strahlt ... sie mögen Plätze auf Mauern, wo sie sich sonnen können und gleichzeitig geschützt sind ... gerne genießen sie auch die Wärme auf einem Kachelofen ... sobald sich eine Katze in die Wärme gelegt hat, schließt sie ihre Augen auch schon ... sie genießt die Wärme, und alles an ihr strahlt Wohlbehagen aus, ruhige Gelassenheit ...

die Wärme hilft ihr, sich so richtig wohl zu fühlen in ihrem Fell, während sie einfach nur daliegt, sich locker und weich an den warmen Boden anschmiegt ...

vertrauensvoll kann sie sich gehen lassen, denn sie weiß, sie kann sich auf ihre Sinne verlassen, weil es ihr angeboren ist, für sich zu sorgen, selbst wenn sie ihre Augen geschlossen hat ...

und so genießt sie die wohlige Wärme am ganzen Körper und liegt mit ihrem weichen Fell auf dem warmen Stein ...

und so viel eine Katze einfach nur rumliegen mag, sie ist sehr viel damit beschäftigt, ihre Haut zu pflegen ... aus ihrem Inneren heraus weiß sie, dass es wichtig ist für sie, für sich zu sorgen ...

und überall, wo Sonnenwärme zu finden ist, kann man auch Katzen entdecken, die ihre Wärme gerne annehmen ... auch du hast schon an einigen Orten diese Erfahrung gemacht ... in der warmen Sonne zu liegen, unter dir eine weiche Unterlage, denn wir haben kein Fell, legen uns dafür gerne in den warmen Sand, das Rauschen des Meeres in den Ohren, auf der Haut kribbelt das Meersalz beim Trocknen ...

oder im weichen Gras zu liegen, im Schwimmbad oder auf einer anderen Wiese und die Wärme zu genießen ...

und deine Nase weiß, das Gras hat in der Sonne einen anderen Geruch als im Schatten ...

während die Sonne deine Haut prickelnd erwärmt und du dich wohl fühlen kannst ... wie eine Katze auf dein inneres Wissen vertrauend, so dass du dich gründlich erholst dabei ...

und es tut gut zu wissen, dass du dir in manchen Dingen vertrauen kannst, weil es ein großes Wissen in dir gibt, ähnlich wie in der Katze, ähnlich wie in dem Baum, der an einer geschützten Stelle in der Tiefe eines Waldes steht, auf einer Lichtung in den warmen Sonnenstrahlen, schon sehr lange ...

und Katzen liegen gerne auf den Ästen von Bäumen ... die Rinde des Baumes knackt in der Sonne, während sie sich erwärmt ... es klingt, als würde der Baum auf seine Weise wohlig schnurren ... dem Felsen nebenan mal wieder erzählen, wie schön das ist, die Wärme zu genießen ...

aus den Augenwinkeln entsteht vielleicht der Eindruck, dass der Baum sich der Sonne entgegenstreckt, während er einfach nur dasteht und die Sonne genießt und das Grün seiner Blätter von der Sonne streicheln lässt, den Schmetterlingen Schatten schenkt und viele Plätze zum Ausruhen, auch für die Katzen ...

und wie oft schon hast du deine Haut von warmem Wasser umspülen lassen, in der Badewanne oder im Schwimmbad ... es rötet deine Haut, reinigt sie und lockert deine Muskeln ... und nach dem Bad sich warm einhüllen, in ein weiches Handtuch, fast wie in ein Fell ... und es genießen, sich wohl zu fühlen, während dein inneres Wissen für deine Erholung sorgt ...

und wenn es der Katze zu warm wird, schleicht sie träge in den nächsten kühlen Schatten, lässt sich dort wieder auf den Boden sinken, fügt sich dabei in jede kleine Unebenheit, um sich weiter wohl zu fühlen, auf ihre Art ...

und an heißen Tagen geben manche Bäume über ihre Blätter Wasser ab, vielleicht ist das ihre Art, sich zu kühlen, so wie unsere Haut es auch tut ... und beide folgen dabei ihrem inneren Wissen, ohne darüber nachzudenken ...

und so kannst du dir in der nächsten Minute noch einmal alle Zeit nehmen, die du brauchst, um dich so richtig gründlich zu erholen ...

um dich dann in deiner eigenen Geschwindigkeit wieder in diesen Raum zurückzuorientieren und seine Geräusche wieder deutlicher zu hören ... dabei wirst du jetzt mit dem Einatmen frischer und klarer ...

Perlensee

Perlen sind etwas Kostbares. Meistens sind sie weiß, und doch spiegeln sich die Farben in ihnen. Sie haben etwas Geheimnisvolles, aus dem Träume wachsen können – kostbare Träume.

Der See kann mehr oder weniger unbewusst als die eigene Seele inter-
pretiert werden, in der es viele solcher Perlen gibt. Das vermehrt den eigenen
Wert und motiviert, auf sich aufzupassen.

Themenvorschläge für das vorausgehende Gespräch: *Was sind Perlen?*
Welche Perlen kennst du? Weißt du, wo in der Natur es Perlen gibt, weißt
du, wie sie wachsen? Mit welchen Perlen würdest du gerne spielen oder dich
schmücken?

... und während du jetzt hier entspannt sitzt, kannst du dir einmal
vorstellen, wie es wohl wäre, wenn du dich an einem schönen kleinen
See ausruhen würdest ... du könntest im Schatten eines alten Baumes
sitzen, der direkt neben dem See steht und unter der Erde mit Hilfe
seiner Wurzeln auch aus ihm trinkt ...

an deinem Rücken kannst du die raue Rinde spüren, deine Augen
schauen auf das glatte Wasser des Sees, ein warmer Wind erzeugt
kleine Wellen, und deine Gedanken treiben vor sich hin ...

auf der einen Seite des Sees ist eine Felswand ... von ihr fallen glasklare
Tropfen in einem Wasserfall herunter ... und während dein Körper
sich entspannt und sich dabei ausruht, siehst du die Tropfen fallen ...
das Licht der Sonne spiegelt sich auf ihnen, in allen Farben, so dass
sie wie Perlen wirken ...

und deine Ohren können ihren leisen Aufprall hören, auf der Oberfläche des Sees ... das Echo wird von der Felswand zurückgeworfen ...

und während sie von oben herunterfallen und deine Augen ihren Flug
durch die warme Luft beobachten, sehen sie täuschend echt wie kleine
Perlen aus ... das wirkt so echt, dass du sie schließlich aus der Nähe
anschauen möchtest ... und du findest einen Weg dorthin ... je näher
du kommst, desto mehr ähneln die Tropfen kleinen runden Perlen, die
von oben herunterfallen, auf dem klaren Wasser des Sees auftreffen
und hinuntersinken auf den Grund, eine nach der anderen ...

der See ist ziemlich flach und klar ... seltsamerweise können deine
Augen aber auf dem Grund des Sees die Perlen nur für einen sehr
kurzen Moment sehen, dann verschwinden sie, so dass keine Perle
liegen bleibt, obwohl der See voll davon sein müsste ...

wenn du nach oben schaust, um zu sehen, wo sie herkommen, siehst du oben an der Felskante Wassertropfen herunterfallen, und im Fallen verwandeln sie sich vor deinen Augen in feste Perlen ... nachdem sie in den See gefallen sind, verwandeln sie sich in reines Wasser zurück ... und so ist der ganze See gefüllt mit flüssigen Perlen ...

und du kannst dir vorstellen, wie es ist, in das warme, klare Wasser hineinzugehen, während du dich hier ausruhst ... und weil das Wasser warm und sauber ist, kannst du auch in ihm baden ... du hängst deine Kleider an die unteren Äste des Baumes und steigst hinein, erst mit einem Fuß und dann mit dem anderen ... und es ist ein ganz außergewöhnliches Gefühl, als würde deine Haut zart massiert und gestreichelt werden ... es ist sehr wohltuend und heilsam ... und so kannst du dir auch vorstellen, wie es wäre, langsam mit deinem ganzen Körper hineinzugleiten, dich bequem in das niedrige und warme Wasser zu legen ... die Wärme ist genau richtig für dein Wohlgefühl ... du lehnst deinen Kopf an, dadurch können die Hals- und Nackenmuskeln ihre Spannung abgeben, und lässt dich vom warmen Wasser reinigen und verwöhnen ...

der Himmel über dir ist blau, hier und da fliegt ein Vogel, begleitet vom Geräusch der fallenden Tropfen, einer nach dem anderen ... ... während die Haut umspült wird, gereinigt und sanft massiert ...

in der wohligen Wärme wirken unzählige Perlen mit ihrer Kraft, verdichtete Energie tut deinem Körper gut, bringt dir Kraft und Freude, Licht und Ideen in den Verstand ...

und so kannst du es dir erlauben, auf allen Ebenen zu genießen ... dir erlauben zu nehmen, was dir gegeben wird ...

und nach einiger Zeit fühlst du dich erfrischt und erholt ... und du willst dich wieder bewegen ... im Baum hängt ein schönes, weiches Handtuch, der Wind winkt dir damit, indem er es hin und her bewegt ... du stehst auf, Wassertropfen fallen von deiner Haut ab, die aussehen wie Perlen, sie rollen an der Haut entlang zurück zum See ...

du gehst gelassen hinüber zum Baum, nimmst das Handtuch aus einer seiner vielen grünen Hände, bedankst dich vielleicht dafür, trocknest die letzten Tropfen ab, ziehst deine Kleidung wieder an und nimmst diese schönen Erfahrungen mit ...

und kehrst jetzt in deiner eigenen Geschwindigkeit hierher zurück, erfrischt und gestärkt ...

Bad im Regenbogen

Regenbogen haben etwas Magisches. Sie entstehen scheinbar aus dem Nichts an den Grenzen von Regen und Sonne. Sie können deshalb in uns den Glauben an Veränderbarkeit jenseits der bekannten Grenzen fördern. Durch ihre schönen Farben stimulieren sie die Fantasie. Obwohl sie deutlich sichtbar sein können, kann man sie doch nicht betreten. Durch ihre Größe und ihre Gleichmäßigkeit wirken sie übernatürlich. Die Natur zeigt in ihnen ein Stück faszinierende Vollkommenheit.

Themenvorschläge für das vorausgehende Gespräch: *Welche Farben hat ein Regenbogen? Welche Farben gefallen dir besonders gut? Wenn du in einer der Farben baden oder duschen könntest, in welcher würdest du es wollen? Hast du schon einmal versucht, zu einem Regenbogen hinzugehen?*

... während du jetzt einfach nur hier liegst, kannst du spüren, wie deine Glieder sich entspannen, hier und da deutlicher ...

deshalb kannst du jetzt auf deine Art in eine angenehme Ruhe gehen, ruhig auch langsam gehen und schon auf dem Weg dorthin anfangen zu genießen ...

du kannst dir dabei vorstellen, wie du über eine Wiese gehst ... wenn man eine Abkürzung sucht, dann führt sie oft über kleine Wiesen ...

und du kannst dir vorstellen, dass du auf deinem Weg in eine angenehme und wohltuende Ruhe zu einem Regenbogen kommst ... er spannt sich vor dir auf über die grüne Wiese, der Himmel unter dem farbigen Bogen ist grau, über dir ist er blau, so dass du ihn in all seinen Farben gut sehen kannst ... die Farben leuchten im Licht der Sonne, vor dem grauen Hintergrund ...

und du näherst dich ihm in der Vorstellung, aber immer wenn du in ihn hineingehen willst und dein Fuß schon kurz davor ist oder du glaubst, deine Hand würde nun hineintauchen, weicht er aus ... und du kannst dir vorstellen, dass er sich darüber freut, dass du mit ihm spielst ...

und wenn du einmal stehen bleibst, um einfach nur die leuchtenden Farben zu genießen, kannst du aus deinen Augenwinkeln einen weißen Lichtschimmer sehen, wie einen tanzenden Punkt ... wenn du deine Augen direkt auf ihn richtest, verschwindet er und taucht in den Augenwinkeln wieder auf ... und du kannst dich darauf einlassen, kannst dir vorstellen, dass der tanzende Lichtpunkt die Seele des Regenbogens ist ... und in der Vorstellung, während du es genießt, dich in der Ruhe zu entspannen, kannst du ihm folgen ... und der Regenbogen bleibt tatsächlich stehen, nachdem du seine Seele entdeckt hast ... er lässt dich eintauchen in seine Farben ... du siehst sie auf deiner Kleidung und auf deiner Haut, eine nach der anderen ...

und kannst dir vorstellen, dass die leuchtenden Farben auch in dir sind, kannst sie spüren ... sie fühlen sich alle verschieden an, wirken aber alle auf ihre Art wohltuend auf dich ...

sie hüllen dich mit ihrer Farbe und ihrer Wirkung ein und füllen dich aus, und sie rufen ganz intensive gute Gefühle hervor, während sie gleichzeitig auf wunderbare Weise deinen Körper und deine Seele nähren, von innen und von außen ...

und so kannst du in deiner Vorstellung in jede Farbe hineintauchen, während du den Regenbogen ein Stück begleitest, über die Felder, Berge und Wälder ...

kannst zwischen den Farben wechseln, die unterschiedlichen Wirkungen spüren und zulassen, in ihnen ausgiebig baden oder nur kurz duschen, so wie es dir eben gut tut, jetzt ... dich in der gelben Farbe des Regenbogens durchdringen lassen von Freude ... ... in der roten Farbe intensive Kraft aufnehmen ... ... in der violetten Farbe können neue Ideen in dir entstehen ...

und so kannst du in aller Ruhe von einer Farbe in die andere wechseln und länger dort verweilen, wo es dir besonders gut tut ...

und so kannst du die guten Gefühle zulassen, wie in einem schönen Traum, und die guten Wirkungen annehmen ...

um dich dann so langsam zu verabschieden und wieder aus dem Regenbogen rauszugehen, durch eine weiße Schicht am Rand der Farben, die dich gründlich erfrischt und auf eine angenehme Art wach werden lässt, jetzt, so dass du den Rest des Tages wach und gestärkt erleben wirst ...

Eine Wolkenreise

Es ist eine sehr schöne Vorstellung, auf einer Wolke zu reisen oder gar die Wolke selbst zu sein. Leichter als die Luft könnte man um die Welt segeln und alle aus großer Entfernung betrachten. Die Schwierigkeiten des Alltags wären weit weg, man könnte darüber schweben und sich erholen.

Themenvorschläge für das vorausgehende Gespräch: *Wie unterscheiden Wolken sich? Sind alle gleich weit vom Boden weg, oder gibt es solche, die höher im Himmel schweben, und andere, die näher an der Erde sind? Weißt du, wie sie entstehen und wie sie sich auflösen?*

... und wie immer, wenn du dich zurücklehnst und deine Arme und Beine liegen lässt, so wie es angenehm ist für dich, kannst du ruhig werden ... dabei kommen und gehen Gedanken, und die Fantasie probiert neue Dinge aus in deiner Vorstellung ...

und so kannst du dir vorstellen, dass du in eine Landschaft gehst, mit Wiesen und Bäumen, mit Gras und Blumen, in eine schöne Landschaft ...

und während du jetzt tiefer gehst, kommst du zu einem Felsen, wie du ihn vielleicht kennst, und oben auf dem Felsen hast du einen weiten Blick, tief hinein in die Landschaft ... du kannst dich dort bequem hinsetzen oder hinlegen ...

die Wolken ziehen vorüber, so nah, dass du sie anfassen kannst, wenn du willst ... und du kannst dir vorstellen, dass eine Wolke neben dir stehen bleibt ... der Wind hat aufgehört für den Moment, und die Wolke hängt neben dir in der Luft ...

irgendwie fordert sie dich auf, mit ihr zu kommen, auf eine Reise durch die Luft ... es ist eine freundliche Wolke ... du zögerst vielleicht ein bisschen, während sie geduldig deine Entscheidung abwartet ... sie wirkt sehr weich und freundlich ... du kannst hinaufsteigen, sie hilft dir irgendwie, zu ihr hochzukommen ... und tatsächlich, sie ist wunderbar weich und doch fest ... du legst dich nach anfänglichem Zögern schließlich hinein, denn es ist ja nur ein Traum ... du genießt die weiche Wolke und lässt dich hineinsinken, so weit, wie es dir gefällt ...

und du kannst dir auf einer anderen Ebene vorstellen, wie eine Wolke sich fühlt ... wenn du es willst, bist du nun für einige Momente eine Wolke, du bist genauso frei und beweglich wie sie, du kannst dich so richtig hineinfühlen ...

und der Wind fängt wieder leicht an zu blasen, er trägt dich hinaus über den Felsen, der Himmel ist unendlich weit um dich herum, da sind nur Himmel und andere Wolken, du fühlst dich leicht und frei ...

du schwebst dahin, getragen auf den unsichtbaren Händen der Luft, der Wind ist dein Freund, du fühlst dich wohl bei ihm ...

nach einiger Zeit kommt der Abend, es wird dunkel, der Himmel über dir bekommt viele helle Punkte ... je dunkler es wird, desto größer wird die Zahl an Sternen, keine Wolke verdeckt den Blick ...

und nach einiger Zeit des ruhigen Schwebens unter den Sternen kommt die Morgendämmerung mit ihren schönen Farben über und unter den Wolken, es ist ein ganz anderer Blick von oben ... unter dir im ersten Licht des Tages ganz klein die Häuser, viele Bäume, Straßen wie Striche und Linien und manchmal auch flirrende Luft über heißen Wüsten, dann wieder kühle Berge mit grauem Fels, weißen Schneekuppen und grünen Tälern ...

da unten sind auch Verwandte der Wolken, es sind Flüsse und Bäche, zu denen die Wolke sich hingezogen fühlen kann, es gibt kleine und große Seen wie grüne, graue und blaue Augen, und diese Seen schicken der Wolke Wasser, wenn der Nebel aufsteigt aus ihnen ...

und du spürst dich dabei als Wolke kräftiger werden, vielleicht auch größer und nimmst dadurch mehr Raum ein und kannst es genießen, als Wolke frei zu sein in der Weite des Himmels, getragen von der Luft ... die Leichtigkeit zu spüren, dich einfach nur treiben und tragen zu lassen von den verschiedenen Winden ...

da gibt es kühle Winde, zu denen der Schnee gehört und das Eid und wenn einer dieser kühlen Winde bei dir ist, dann veränderst du dich, wirst kühler und fester ...

und dann gibt es auch wieder die warmen Winde, die dazu führen, dass du dich träge dahintreiben lassen kannst ...

sicher freust du dich manchmal, wenn du etwas abgeben kannst von deinem Gewicht ... als Wolke ist das sehr einfach, du kannst es regnen lassen, runter auf das da unten, das so fern ist ... du bist reich an kostbarem Wasser ... du kannst es behalten oder auch großzügig abgeben ...

du kannst deine nächsten Verwandten kennen lernen, die anderen Wolken, die sehr verschieden aussehen in ihren Farben ... du triffst dich mit ihnen, manche Wolken schließen sich zusammen und sind gemeinsam größer, dann wieder trennst du dich mit der Hilfe des Windes von den anderen, spürst deine Grenzen wieder neu ...

dabei kommt die Freude, dass du dich unabhängig bewegen kannst ... eine gewisse Leichtigkeit, Beweglichkeit ... ihr könnt miteinander tanzen wie spielende, lachende Kinder, in der Tiefe des Himmels, auf den Winden ...

und nun kommst du allmählich wieder zurück zu diesem Felsen, von dem du auf die Wolke gestiegen bist ... du wachst jetzt in der weichen Wolke auf, siehst den Felsen langsam auf dich zukommen ... da die Zeit reif ist, steigst du ab, bedankst dich bei der Wolke, schaust ihr zu, wie sie davonschwebt ...

und kommst jetzt in deiner eigenen Geschwindigkeit zielstrebig zurück, in diesen Alltag, mit all seinen Geräuschen, Farben, Gerüchen und anderen Eindrücken, um vielleicht heute Nacht im Traum deine Reise fortzusetzen ... und mit dem Öffnen deiner Augen bist du wieder ganz wach und klar ...

Haus der Farben

Die Wirkung von Farben auf die menschliche Psyche kann genutzt werden, um das Wohlgefühl zu fördern und Energien konstruktiv zu nutzen. Wenn es ein Haus gäbe, in dessen Zimmern verschiedene Farben »wohnen«, könnte man die Wirkung der Farben ausprobieren und dort länger bleiben, wo es angenehm ist. Das Haus und die Zimmer können selbst ausgestaltet werden.

Themenvorschläge für das vorausgehende Gespräch: *Welche Farben magst du besonders gerne? Wenn du ein Zimmer hättest, bei dem du alleine* *bestimmen könntest, in welchen Farben es angemalt wird, welche würdest du wählen? Wie wirken diese Farben auf dich?*

... und du kannst es genießen, bei dir zu sein, während du hier liegst und dein Atem dich ruhig und zuverlässig mit Energie versorgt ...

und so kannst du dir jetzt vorstellen, dass du in ein Haus gehst, während du in Wirklichkeit einfach hier liegst, dich angenehm schwer oder leicht fühlst und wohlig warm, während dein Atem dir stetig und zuverlässig Kraft bringt ...

da gibt es vielleicht ein Haus in deiner Vorstellung, und ich weiß nicht, wie die Umgebung des Hauses in deiner Vorstellung aussieht ... vielleicht sind da Felsen, vielleicht eine Meeresküste, ein Wald, eine Wiese, ein Dorf mit einem Kirchturm oder auch alles zusammen, irgendwie ist es jedenfalls eine gute Umgebung, die dir gefällt ...

und in dem Haus gibt es mindestens sieben Zimmer, so genau ist es von außen nicht zu erkennen ... und während du dich dort umsiehst .... kannst du dabei genießen, hier zu sein, in diesem Moment, und dich ausruhen, angenehm schwer und wohlig warm, dich mit dir wohl fühlen ...

irgendwie ist es ein besonderes Haus, freundlich und voller Lebensenergie ... und es begrüßt dich freundlich, soweit ein Haus das eben kann ... und so kannst du jetzt ein Stück weiter in deiner Vorstellung hineingehen, du öffnest die Tür zum ersten Zimmer und schaust hinein und siehst, dass in diesem Zimmer alles rot leuchtet ...

und während du dich umsiehst, entdeckst du ungefähr in der Mitte des Raumes einen durchsichtigen roten Kristall, der dort auf einem Tisch liegt und das Zimmer mit einem hellen Rot erfüllt ...

er hat eine kraftvolle und schöne Ausstrahlung ... er pulsiert warm ... du kannst dir vorstellen, wie er deinen Körper wärmt, an einer bestimmten Stelle vielleicht besonders, dort, wo du seine Kraft brauchst und sie dir gut tut ...

er lädt dich mit seiner Form der Energie auf, wenn du es magst und brauchst ... und ich weiß nicht, ob dein Körper mehr davon braucht im Moment ... und der Kristall geht auf deine Bedürfnisse ein ...

und so folgst du einfach deinem Gefühl, das dir eine zuverlässige Antwort auf diese Frage gibt, und kannst dich in der Fantasie dort vor den Stein setzen oder legen ... so lange, bis du angenehm gesättigt bist ...

du wirst dann die Tür wieder schließen und kannst zur nächsten weitergehen ... hinter ihr strahlt vielleicht ein orangener Kristall ... er gibt seine positive Kraft in das Zimmer ab, ein intensives Leuchten ... und du kannst dir vorstellen, wie du sein Licht wieder an einer bestimmten Stelle deines Körpers besonders intensiv spürst, dort, wo es dir gut tut, dass er dich mit seiner Kraft auflädt ... und wieder entscheidest du mit Hilfe deines Gefühls, wie viel du davon im Moment brauchen kannst ...

.... gehst dann weiter und kommst auf deinem Weg durch das Haus in deiner Geschwindigkeit nacheinander zu einem schönen Grün, das dir auf seine Weise gut tut .... in einem anderen Zimmer ist es ein blauer Kristall, der dir seine Kraft anbietet .... und du besuchst noch einen violetten Kristall .... einen gelben .... und vielleicht auch noch weitere in anderen Farben ... und bleibst jeweils so lange dort, wie es für dich gut ist ... du kannst dir dazu in den nächsten zwei Minuten alle Zeit nehmen, die du brauchst, um die Kräfte ausreichend in dir wirken zu lassen und dich genau so lange beschenken zu lassen, wie es dir gut tut ...

und es ist nicht nötig, dass du dir vorstellen kannst, wie unglaublich heilsam die Farben für dich sind, du kannst ihre Wirkung einfach genießen, während du hier liegst, rundum eingehüllt von wohliger Wärme ...

und wenn du in deiner Vorstellung noch weitergehen willst, kannst du noch ein Zimmer finden ... es liegt ein bisschen verborgen ... es ist erfüllt von einem strahlenden Weiß, das aus einem ganz klaren Kristall kommt ... eine friedliche und heitere Stimmung ist in diesem Zimmer ... und indem du eintrittst, wirkt es wie eine wohltuend warme und reinigende Dusche, lockernd und erfrischend auf den ganzen Körper, den Geist und die Seele ... du nimmst das an, was dir gut tut, bis es gut ist ... einfach genießen, was dir gut tut, denn du bist es wert ...

und danach verlässt du auch dieses Zimmer, schließt die Tür und gehst mit einem Gefühl des kraftvollen Friedens aus dem Haus hinaus ...

du schließt alle diese Vorstellungen jetzt für den Moment ab, so dass es dir gut geht dabei ... und kommst in deiner eigenen Geschwindigkeit zu mir zurück, in diesen Raum mit all seinen Geräuschen und Farben, und bringst die wohltuende Wirkung mit und lässt sie weiterhin in dir schwingen ...

Schwimmender Stein

Gibt es schwimmende Steine? Das müsste möglich sein, wenn sie entsprechend geformt werden. Aber es ist ein sehr ungewöhnlicher Gedanke, sich einen schwimmenden Stein vorzustellen. Es sich zu gestatten bedeutet, sich auch für andere ungewöhnliche Gedanken zu öffnen, die wiederum ungewöhnliche Lösungen für (un-)gewöhnliche Probleme bringen können – oder einfach nur Spaß machen.

Themenvorschläge für das vorausgehende Gespräch: *Sind alle Steine gleich schwer? Warum sieht man sehr selten einen schwimmenden Stein? Was müsste man tun, damit er schwimmen kann?*

... und während du hier bist, kannst du spüren, wie deine Glieder sich an die Unterlage anpassen, wie alles locker daliegt, mehr oder weniger ...

und du kannst einmal die Arme in den Gelenken loslassen, sie mit dem Ausatmen mehr hängen lassen als die Ohren ... erst in den einen Arm spüren, vielleicht den linken, und ihn mit dem Ausatmen sinken lassen, so als würde mit dem Atem Gewicht hinein- und Spannung hinausfließen ...

und dann vergleichen mit dem rechten Ohr, das nicht genauso hängen kann wie der rechte Arm. Und es ist ganz klar, dass der Po tiefer einsinkt als das Ohr ...

und in der Entspannung kannst du dich zurückerinnern, an schöne Dinge, die du schon erlebt hast... es gibt genug davon in deiner Erinnerung ...

und eine große Auswahl schöner bunter Sachen zu haben, kann sehr schöne Gefühle bringen, vielleicht in einer Schublade oder einer Schachtel, vielleicht irgendwo versteckt ...

und wenn du die vielen Steine anschaust, die in einem Flussbett liegen, dann scheint es nicht möglich zu sein, aber eigentlich könnte jeder Stein schwimmen ... wenn er auch noch so groß ist und wenn der Verstand es auch nicht glaubt, er könnte auf dem Wasser schwimmen ... wenn er oben über der Wasseroberfläche oder in seinem Inneren ausreichend hohl wäre, vielleicht ausgehöhlt wie ein Boot aus Eisen oder leer wie eine Nussschale, dann könnte er schwimmen ...

und er würde dann auf einem See schwimmen können ... das könnte für einige Jahre so sein, und der Wind treibt ihn mal in die eine, mal in die andere Richtung ... auf einem See, irgendwo in einem Tal, das sehr selten ein Mensch besucht, und Gras wächst an seinen Ufern und Bäume ...

irgendwann, schon lange, sehnt er sich vielleicht nach der Tiefe unter ihm, denn da gehört er ja auch hin ... welcher normale Stein will sich schon jahrelang auf dem Wasser herumtreiben, auch wenn der See noch so schön ist, mit seinen Ufern ...

und immer wenn es anfängt zu regnen, hat er Hoffnung, sinken zu können, und wenn es dann stark genug regnet, dann füllt er sich mit Regenwasser und wird allmählich schwerer, und er genießt es ...

und wenn es bald wieder aufhört, dann trocknet er wieder, durch Wind und Sonne, durch die das Wasser verdunstet oder weggeblasen wird ...

und auch das gefällt ihm, getrocknet zu werden und gewärmt von der Sonne und leicht auf dem Wasser zu schwimmen ...

und er treibt weiter vor sich hin, sieht an manchen Stellen den Grund des Sees und die anderen Steine dort unten ... er stellt sich vor, wie es wohl wäre, bei den anderen Steinen zu liegen ...

und manchmal ist er ganz froh, wenn die Tage schön sind und der Wind stark, dann freut er sich über die Geschwindigkeit, mit der es ihn über das Wasser treibt ... ... über das Schaukeln auf den Wellen ... ... und die Wärme der Sonne ...

so manches Mal wäre er schon beinahe umgekippt dabei und abgesunken ... und wenn es längere Zeit regnet, dann endlich füllt er sich mit Wassertropfen, mehr und mehr ...

und er saugt die Tropfen in sich auf, sinkt allmählich tiefer, anfangs merkt er es gar nicht, aber ab einer gewissen Tiefe geht es schneller, er kommt den anderen Steinen näher ...

und irgendwann fehlen nur noch wenige Tropfen ... nachdem die sich zu den anderen Tropfen gesellt haben, verschwindet er schließlich unter der Wasseroberfläche ... er genießt das Sinken dorthin, wo er hingehört, zu seinesgleichen .... und schließlich die weiche Landung auf dem Grund ...

und so liegt er dann da unten, neben vielen anderen Steinen ... noch hebt er sich ab von ihnen, rein äußerlich, weil er ganz oben draufliegt und keine Pflanzen auf ihm wachsen und er noch heller ist ...

aber schon bald ändert sich das, nach wenigen Jahren wird er grün und verbindet sich durch die Pflanzen mit den anderen Steinen, so wachsen sie zusammen ... und er genießt es, einfach nur dazuliegen, in aller Ruhe ...

sehr selten einmal ganz wenig bewegt, wenn der Wind dort oben besonders stark ist und die Wellen hoch schlagen ... dann erinnert er sich in seiner Tiefe an die Farben da oben, an die Sonne und ihre Wärme ... und er freut sich über seine Erinnerungen und über die Stille da unten ... in dem tiefen Wissen, dass die Dinge sich ändern werden, dass auch dieser See einmal austrocknen wird und er wieder die Sonne spüren wird ... und den Wind ...

und in seinem langen Leben wird das schon recht bald sein ... bis dahin aber ruht er sich aus, dort unten, tief versunken, erholt sich, träumt vor sich hin und genießt diesen Zustand ...

und so kannst du es jetzt noch einmal genießen, einfach nur hier zu liegen, in gutem Kontakt mit deiner inneren Stille, während du dich gründlich erholst, bis in deine Tiefe ...

um dich dann zu lösen, allmählich, in deiner eigenen Geschwindigkeit dich zu sammeln, dabei klar und wach zu werden, mit jedem Atemzug mehr, in der Geschwindigkeit, die dir gut tut, jetzt, und frisch und wach wieder die Augen öffnen ...

Energiebälle

In dieser Geschichte wird ein Bewusstsein dafür gefördert, dass unsere Kräfte begrenzt sind und dass deshalb sinnvoll mit ihnen umgegangen werden sollte. Die gleichen Energien, die uns lebendig sein lassen, wohnen auch in allen anderen Lebewesen. Es ist vorstellbar, dass wir uns durch ein solches Bewusstsein von universaler Energie mit allem Lebendigen verbunden fühlen können und auf diese Weise ein tieferes Verständnis für das Leben bekommen.

Themenvorschläge für das vorausgehende Gespräch: *Was ist Energie oder Kraft? Wo kommt sie her? Wozu ist sie nötig? Wie fühlst du dich, wenn du ausgeruht bist und gesund? Wie kannst du Energie sparen? Wie kannst du dich schwach machen und wie wirst du stark? Wofür möchtest du deine Kraft einsetzen?*

... du kannst dich jetzt ein Stück hinuntersinken lassen, so wie du es immer tust, wenn du dich entspannen willst ... mit dem Ausatmen fällt es leichter, die Spannung in den Muskeln loszulassen, so dass du dich wohl fühlst, rundum wohl fühlst, auf deine Weise ...

und damit du dich wohl fühlst, lässt du dich jetzt sein, wie du eben bist ... du kannst dich abgrenzen gegen das, was dir schaden kann, und dich öffnen für das, was schön ist und dir gut tut ...

und es ist gut, dass du dich nicht bewusst um die Erfüllung dieser Veränderungen kümmern brauchst, denn dein Unbewusstes arbeitet schon daran ...

und so kannst du es genießen, jetzt einfach nur hier zu sein, so wie du bist ... der Genuss zu leben und sich zu fühlen löst ein gutes Gefühl in dir aus, so als ob ein kleiner gelber Ball in dir aufleuchtet ...

vielleicht stellst du ihn dir im Herzen vor oder im Bauch, ein kleiner gelber Ball, wie eine Sonne, er strahlt wohlige Wärme in dich aus ...

er kann sich frei bewegen im Körper und überall Wärme hinbringen, kann kleine gelbe Bälle dort lassen, wo es warm werden soll ... und so fließt die Wärme von innen auch in deine Lippen, die Wärme breitet sich in deinen Lippen aus, von einem Mundwinkel zum anderen ... ...

... ganz in Ruhe, es ist ein gutes Gefühl, kribbelnd vielleicht, es lockert die Lippen, so dass sie lächeln ...

und der Ball bewegt sich weiter zu den Ohren, verändert vielleicht auch mal seine Farbe und kann im Vorbeiflug auf der Stirn einen kühlen Hauch auslösen ...

um dann als warmes Strömen über den ganzen Rücken zu fließen ... der Rücken wird von dem Ball sanft massiert, zärtlich gestreichelt, die Wirbelsäule wohlig eingehüllt von gelber Wärme ...

ganz nebenbei werden Verkrampfungen weggeschwemmt wie alte Blätter von einem Regenschauer ...

und nachdem der gelbe Ball auch im Becken, in den Beinen und Füßen Wärme verteilt hat ... kehrt er wieder zurück in den Bauch ... er konzentriert seine warme Kraft, die sich ausbreitet als helle Freude, in alle Richtungen ... helle und warme Freude fließt in die Brust, in die Arme und Hände, in das Gesäß, in die Beine und Füße und überallhin fließt helle und warme Freude, breitet sich besonders dort aus, wo du sie brauchst ...

und du kannst den gelben Ball lenken, einfach indem du an die Stellen im Körper denkst, wo er Wärme verbreiten soll ... versuche es ruhig auch beim Einschlafen, denn auch in deinen Gedanken und Träumen wirkt es sich angenehm aus ...

der gelbe Ball hilft dir, dich etwas vom Alltag zu lösen, so wie ein mit Wärme gefüllter gelber Luftballon in den weiten blauen Himmel steigt, dich mitnimmt, schwerelos, so dass du einen weiten Überblick hast, über alles, was unter dir liegt ... du kannst Neues entdecken, und Bekanntes sieht anders aus ...

und so genießt du jetzt in den nächsten zwei Minuten, so ausgiebig, wie du magst, die Vorstellung, dass der Energieball durch deinen Körper und deine Seele wandert, dich dabei angenehm massiert, dich wärmt und stärkt, deinen Körper mit Kraft erfüllt und deiner Seele Nahrung bringt ... ... dadurch entsteht Freude überall in dir und breitet sich hell aus ...

und weil du weißt, dass du jederzeit wieder daran denken kannst, um die Wärme und die helle Freude zu spüren, kommst du jetzt in deiner eigenen Geschwindigkeit wieder hierher zurück ... du wirst mit jedem Einatmen frischer und klarer, bist erfüllt und gereinigt von der irgendwie schönen gelben Energie in dir ...

Eine Reise mit der Seifenblase

Seifenblasen sind sehr schnell vergänglich. Sie können einige Zeit durch die Luft schweben, ihre glatte Form im Wind etwas verändern und, obwohl sie durchsichtig sind, im Sonnenlicht in allen Farben erscheinen. Und wenn sie platzen, ist plötzlich nichts mehr von ihnen sichtbar. Sie ähneln Traumgebilden, und die Vorstellung, in oder mit ihnen zu reisen, fördert die Vorstellungskraft.

Themenvorschläge für das vorausgehende Gespräch: *Wie sieht eine Seifenblase aus? Kannst du dir vorstellen, wie es wäre, in einer Seifenblase zu sitzen? Natürlich ist das nicht möglich, aber in der Fantasie kann man alles tun, auch in oder auf einer Seifenblase sitzen. Wie fühlt sich eine Seifenblase an?*

... und jetzt setzt oder legst du dich so hin, dass du dich wohl fühlst, und mit dem Ausatmen entspannst du dich ... dabei kannst du in deinen Gedanken einen Weg entlanggehen, zu einer Wiese, vielleicht so, wie sie im Frühling aussieht, mit frischem grünem Gras, dem gelben Löwenzahn mit seinen gezackten Blättern, die von der warmen Luft leicht bewegt werden ...

vielleicht hast du auch schon einmal Seifenblasen zum Himmel steigen lassen, der Wind nimmt sie auf und spielt mit ihnen ... dadurch verändert er ihre Form und dreht sie hin und her ...

das Licht der Sonne scheint in die durchsichtigen Kugeln und erzeugt auf ihrer durchsichtigen Haut alle Regenbogenfarben ...

während sie fast schwerelos dahinschweben, über sich den blauen Himmel, mit seiner Weite und den Wolken, unter sich die Farben des Frühlings mit verschiedenem Grün, dem Gelb des Löwenzahns und den Farben anderer Blüten ...

und es gibt seit einiger Zeit auch größere Ringe, aus denen sehr große Seifenblasen entstehen, wenn sie durch den Wind gezogen werden ...

und du kannst dir vorstellen, wie es sich anfühlt, wenn du auf oder in einer großen Seifenblase sitzen oder liegen würdest, bequem und locker ... du bekommst genügend frische Luft, während du ganz normal atmest dabei ...

und du kannst mit der Seifenblase hinaufsteigen, immer höher, so weit, wie es dir Spaß macht, in deiner Vorstellung, während du bequem hier liegst, in deinem Körper, angenehm schwer oder leicht und wohlig warm ...

und so kannst du in Gedanken mit der Seifenblase schweben, über Bäume und Häuser, über Berge und Seen ... manchmal wirst du von Vögeln begleitet ...

und du kannst die Welt von da oben betrachten, aus der ungewohnten Höhe, dich schweben lassen über Landschaften ... die Sonne wärmt dich, ein leichter Wind trägt dich weiter ...

und irgendwo an einem schönen Ort kannst du eine Pause einlegen, steigst vielleicht auf eine Bank oder lässt dich auf einer schönen Wiese nieder, um ein bisschen umherzulaufen, die Pflanzen anzuschauen, vielleicht um dich mit einem Maulwurf oder einem Eichhörnchen zu unterhalten, so wie es schön ist für dich ...

und irgendwann fühlst du dich ausgeruht und möchtest wieder zurückfliegen, deshalb steigst du wieder in oder auf die Seifenblase und lässt dich zurücktragen, hierher, wo du jetzt wieder wach wirst, mit jedem Einatmen frischer und klarer ...

Von Blumen massiert werden

Eine Massage ist gut zur Lockerung der Muskulatur. Außerdem tut sie der Seele gut. Irgendwie befreit die angenehme Berührung durch einen anderen Menschen innerlich. Die Vorstellung, von Blumen massiert zu werden, öffnet für Wirkungen, die zwar tatsächlich durch die inneren Heilkräfte bewirkt werden können, die unser Verstand aber nicht für möglich hält: Es ist sowieso nicht real, und deshalb fällt es leichter, sich auf die Vorstellung einzulassen, dass eine tiefe und umfassende Wirkung möglich ist.

Die Vorstellung an sich stimuliert die Heilkräfte, die auch unspezifisch wirken.

Themenvorschläge für das vorausgehende Gespräch: *Bist du schon einmal massiert oder gestreichelt worden? Wie ist das, und tut es dir gut? Und wenn du nur gestreichelt oder etwas stärker massiert wirst, was verändert sich dann?*

Wenn Blumen massieren könnten, von welchen würdest du dich gerne massieren lassen?

... und jetzt setzt oder legst du dich so hin, dass es bequem für dich ist, und mit dem Ausatmen entspannst du dich einfach so weit, dass du dich wohl fühlst ...

und so kannst du in deinen Gedanken dir einmal vorstellen, dass du irgendwo zwischen Hügeln wanderst oder fährst, ganz wie du willst ... du kannst auch dorthin fliegen, mit einem Hubschrauber vielleicht oder in den weichen Federn eines großen Vogels ...

und so kommst du auf einem angenehmen Weg in ein weites Tal zwischen zwei Bergen ... die Sonne scheint hinein, es ist schön warm, und die Pflanzen haben viele Blätter, so dass alles hell und grün ist ... du lässt dich absetzen, vielleicht auf einem Felsen oder in das Gras ...

du wirst von leichten Schmetterlingen begrüßt ... du schaust dich ein bisschen um, gehst ein paar Schritte hierhin und dorthin, schaust dir an, was dich interessiert ... es gefällt dir gut dort, alles ist friedlich, die Luft ist warm, und die Vögel zwitschern ...

ein Stück weg von dir siehst du einen farbigen Fleck im Grün der Wiese ... wie du näher kommst, siehst du allmählich deutlicher, dass dort sehr viele Blumen in der Sonne wachsen ... es ist ein großer Kreis mit bunten Blumen ... du gehst noch näher ... deine Füße achten auf die Blumen, und du erkennst, dass in der Mitte zwischen all den Blumen eine Bank aus einem glatten Stein steht, auf der eine weiche Decke liegt ... diese Decke wirkt sehr einladend, und weil du gerade nichts anderes zu tun hast und weil es schön ist, sich inmitten der vielen Farben in der warmen Luft zu entspannen, setzt du dich auf die weiche Decke und genießt die Ruhe und die Farben um dich herum ...

und du legst dich schließlich bequem auf die weiche Decke, so dass dein ganzer Körper sich entspannen kann, zwischen den schönen Farben ... du kannst das beruhigende Zwitschern der Vögel hören und die Blumen riechen ...

und nach einiger Zeit bist du wie eingeschlafen und erholst dich gründlich dabei ... ... und magst träumen, wie die Blumen sich dir zuwenden, dich freundlich anlächeln ... dann träumst du vielleicht sogar, wie sie irgendwie aufstehen, freundlich zu dir kommen und gemeinsam ein leichtes und luftiges Tuch über dich spannen, zum Schutz vor der Sonne ...

mit deiner Erlaubnis öffnen sie deine Kleidung, klappen sie vorsichtig wie Blütenblätter nach außen und reiben dich mit einem besonderen Öl ein, das deiner Haut sehr gut tut ...

weich streicheln sie deine Haut, das Öl bekommen sie aus ihren Blütenkelchen ... es wird in ihren Wurzeln gebildet, während des Winterschlafs, mit den Beigaben der Erde, es reift in den Tagen und Nächten des Frühlings, unterstützt von der Sonne ...

jede der Blumen um dich herum spendet etwas davon, freundlich und gerne, und das Öl beruhigt und belebt dich gleichzeitig, erneuert deine Haut, verbindet sich mit ihr, heilt und ernährt sie sehr angenehm ...

und wenn du genauer hinschaust, kannst du erkennen, dass bestimmte Blumen für bestimmte Zwecke ihr Öl spenden ... ... die einen lassen eine Entzündung abklingen, andere lassen Schwellungen heilen ... wieder andere lassen Schmerzen ausklingen, und mehrere werden zusammengemischt und sind dadurch besonders wirksam, um Warzen oder andere Hautveränderungen aus der Haut zu entfernen, bis in ihre Wurzeln hinein ... um danach die Haut zu glätten, als wäre nie etwas anderes gewesen als frische und gesunde Haut ...

und die Öle wirken auf der Oberfläche und sinken auch tiefer hinein ... sie geben deinem Körper, was er braucht, mit dem uralten Wissen der Natur und ihrer Blüten über die Zusammenhänge der Dinge ...

ihre Farben wirken über deine Augen, ihre Düfte über deine Nase und ihre nächtlichen Gesänge über deine Ohren, bis tief hinein in deine Seele und in deinen Geist, um dort zu heilen, was sich in der Haut zeigt ...

ein frisches Gefühl fließt durch dich hindurch, und so genießt du es für ein Weilchen, die guten Dinge geschehen zu lassen ...

um dann, nachdem die Dinge nun fortgeschritten sind und deine Kleidung sich wieder schließt, wie so manche Blüte, wenn die Sonne weiterwandert, dich auf der Decke wieder aufzurichten ... du bedankst dich freundlich und verabschiedest dich und fliegst zurück zu deinem Ausgangsort ...

von wo du in der nächsten Minute in deiner eigenen Geschwindigkeit wieder hierher zurückkommst, frisch und ausgeruht, dich in deiner Haut wohl fühlst, wie nach einem tiefen und erholsamen Schlaf ...

Gedanken wie im Kindergarten

Hier werden Gedanken mit Kindern im Kindergarten verglichen. Wenn man zur Ruhe kommen möchte, sind sie ähnlich wenig diszipliniert. Und beide haben ihre Berechtigung, die Stimmen der Kinder wie auch die der eigenen Gedanken. Indem das akzeptiert wird, können sie ihren Sinn erfüllen und werden von alleine leiser.

Themenvorschläge für das vorausgehende Gespräch: *Hast du schon einmal viele Kinder erlebt, vielleicht im Kindergarten oder in der Schule, wenn sie alle gleichzeitig reden? Sind deine Gedanken auch manchmal so richtig durcheinander und lassen dich nicht ausruhen? Kannst du dir vorstellen, dass Gedanken eine Aufgabe haben? Ist das, was die Gedanken tun, für das Kind wichtig?*

... du kannst dich jetzt einfach bequem hinlegen (hinsetzen) und deinen Atem beobachten ... lass deine Glieder beim Ausatmen hinuntersinken und genieße es, für ein paar Minuten einfach nur daliegen zu können ...

und weil der Atem auch in der Ruhe kleine Wirbel in der Nase erzeugt und dabei gute Luft in den Körper kommt, kannst du mit dem Ausatmen Spannung loslassen, mit jedem Ausatmen etwas Spannung loslassen, hier und dort im ganzen Körper Spannung loslassen, so weit, wie es dir gut tut ...

und wie immer, auch wenn du zur Ruhe kommst, ziehen Gedanken durch deinen Kopf ... sie sind nicht sonderlich diszipliniert, die Gedanken ... sie warten nicht etwa geduldig, bis der andere zu Ende gesprochen hat, es ist eigentlich so ähnlich wie in einem Kindergarten ... sie sprechen irgendwie auch durcheinander, und jeder möchte gehört werden ...

und tatsächlich, sie sind alle irgendwie wichtig, jeder auf seine Weise, so wie auch jedes Kind im Kindergarten wichtig ist, egal wie es aussieht und wie laut oder leise es ist ...

und die Gedanken sind wie auch die Kinder sehr unterschiedlich ... manche gebärden sich laut und auffällig oder drängend und spaßig ...

sie können lang sein, als ob sie nie aufhören würden, und auch mal wieder zurückkommen, wenn sie schon gegangen waren, sie möchten vielleicht gar nicht mehr aufhören, um dann doch irgendwann müde zu werden und zu schweigen, als wären sie nie da gewesen ...

andere sind sehr leise, vielleicht sogar vornehm zurückhaltend, bis hin zur Farblosigkeit ... selbst wenn man sie betrachten möchte, verschwinden sie und entwischen dem interessierten Auge und Ohr ... sie blitzen vielleicht nur einmal kurz auf, werden kaum gesehen oder gehört und sind schon wieder weg ... vielleicht bereiten sie sich auf einen längeren Auftritt vor oder sind nur die Kundschafter für andere Gedanken ...

und sie alle haben ihre Berechtigung, ihren Sinn, wollen etwas mitteilen oder erledigen ... und gleichzeitig versorgt der Atem deinen Körper mit Energie, mit Sauerstoff, denn auch im Kindergarten wird es irgendwann ruhiger, vielleicht wenn eine schöne Geschichte erzählt wird und die Kinder zu träumen beginnen und es ihnen gut geht dabei ...

und so wirst du ihn jetzt strömen lassen, deinen Atem, in jeden Winkel deines Körpers, wie einen wohltuenden, warmen Wind, der dich fürsorglich streichelt und mit Luft versorgt, während die Gedanken ihre Aufgaben erledigen dürfen ...

um dann erholt und erfrischt wieder wach zu werden, ähnlich wie die Kinder nach ihrem Mittagsschlaf im Kindergarten dich darauf freuen, ein Spiel zu spielen oder zu essen oder einfach nur wach zu sein ...

Der Dampfer

Die Bewegungen eines Schiffes auf einem Fluss sind behäbig und langsam. Indem wir uns in ein solches Schiff hineinfühlen, können wir zu den Eindrücken kommen, die ein Dampfer haben kann. Wenn wir uns von der Frage lösen, ob ein Schiff ein Bewusstsein haben kann (die für die meisten Menschen keine ist, weil ein Dampfer schließlich unbelebt ist), dann können wir uns in die ganz andere Welt einfühlen, uns dadurch von unserem Alltag lösen und aus einer anderen Perspektive wieder zurückkommen zu unseren Problemen, die nun vielleicht weniger gewichtig sind.

Themenvorschläge für das vorausgehende Gespräch: *Wie sieht der Alltag eines Dampfers aus? Wenn er seine Gefühle und Eindrücke schildern könnte, was würde er uns erzählen? Wie bewegt sich ein Schiff im Wasser? Möchtest du dich auch einmal so bewegen (falls das Kind es möchte, kann es das jetzt ausprobieren). Wie fühlt es sich an?*

... und wenn du dich jetzt so richtig bequem hinsetzt oder hinlegst, so, dass deine Muskeln sich entspannen können und du dich dabei erholen kannst ... ... dann erinnerst du dich vielleicht daran, dass es Musikinstrumente gibt, die klingen wie das Horn eines Dampfers auf einem Fluss ...

eines Dampfers, der auf irgendeinem Fluss vor sich hin tuckert ... sein Motor gibt ein beruhigendes Brummen von sich, gleichmäßig und sehr zuverlässig, und dieser Dampfer hat schon viele Tausende Kilometer zurückgelegt und ist schon von vielen Wellen geschaukelt worden ...

er durfte schon oft sein Horn blasen, während sein Motor ihn ruhig und stetig und zuverlässig auf dem Wasser nach vorne brachte ... dabei teilt der Dampfer mit seiner festen Haut das Wasser für eine kurze Zeit, das hinter ihm wieder zusammenfließt und bald wieder so ist, als wäre er nie dagewesen ...

und weil er schon auf so vielen Flüssen unterwegs war, kann er inzwischen jeden einzelnen Fluss an seinem Geschmack erkennen, denn jeder Fluss hat einen eigenen Geschmack, der ihn von den anderen Flüssen unterscheidet ...

der Dampfer kennt auch schon die Stellen, an denen er anlegen wird, um seinen großen Bauch zu leeren und dann wieder zu füllen ...

um dann wieder abzulegen, viele Stunden später, die ihm manchmal wie Sekunden und manchmal wie Tage vorkommen, denn mit der Zeit ist das so eine Sache, wenn man auch nur so daliegt, in einem Hafen, und der Fluss wie immer vorüberfließt ...

und es braucht seine Zeit, bis ein solcher Dampfer einen vollen Bauch hat, es dauert manchmal wirklich lange, bis alles auf eine gute Weise geregelt ist, am richtigen Platz liegt oder sitzt ...

und der Dampfer ist wirklich sehr geduldig, er hat viel Zeit, denn er hatte oft genug Gelegenheit, sich an diese Dinge zu gewöhnen ...

er liegt einfach nur ruhig da, in seiner Schwere ... irgendwie fällt es ihm leicht, meistens jedenfalls ...

und er mag es, geschaukelt zu werden, von den Wellen des Flusses, während er von irgendeiner schönen Erinnerung träumt, von einer besonders schönen Bucht vielleicht, mit blauem Wasser und farbigen Fischen, die leicht an seiner Haut entlangstreifen ...

von Bäumen, die immer mal ein Blatt ins Wasser fallen lassen, und von den Stimmen der Vögel, die in diesen Bäumen wohnen und manchmal aus dem Wasser trinken ...

Stunden später also sind die Dinge so weit erledigt, dass er ablegen und wieder Fahrt aufnehmen kann ... er bewegt sich nun schwerfälliger, muss mehr Gewicht tragen, der Motor brummt noch etwas tiefer, und die Schiffsschraube drückt ihn kräftig nach vorne, mal schwimmt er den Fluss aufwärts, dann wieder flussabwärts, immer seinem Ziel entgegen ...

und er fährt immer nach vorne, auf seiner Reise, auf seinem Weg, denn so ein Dampfer hat hinten keine Augen ...

auf allen seinen Reisen sieht und schmeckt er etwas Neues, der Dampfer ... er unterhält sich im Vorüberfahren und im Hafen auf seine Art mit anderen Schiffen, er trifft alte Bekannte wieder und freut sich darüber, wie ein Dampfer das eben so tut, und hält trotzdem einen ausreichenden Abstand, zu seiner eigenen Sicherheit und der der anderen ...

und er liebt die Wärme der Sonne wie auch die Erfrischung des wohlschmeckenden, ihn säubernden Regens ... nur das Salzwasser mag er nicht so, hin und wieder konnte er es schmecken, wenn er dem Meer nahe kam ... und er war dann immer wieder froh, wenn er sich entfernen konnte, flussaufwärts ... so hat eben jeder seine Eigenheiten ...

und so kannst du ihn ein Weilchen begleiten, so lange, wie du es willst, in den nächsten paar Minuten oder auch später in der Fantasie, wenn die Gelegenheit günstig ist ... diesen Dampfer und mit ihm die Dinge kennen lernen, die Ufer mit ihren Pflanzen, Hafen und Häusern, die anderen Schiffe mit deren Kapitänen und Kapitäninnen, die ja so verschieden sein können, so wie der Dampfer sie sieht und schmeckt ...

um dich dann wieder von ihm zu verabschieden, mit einem herzlichen Gruß an den Dampfer diese Dinge jetzt abschließen, so wie es jetzt für dich in Ordnung ist ...

und behutsam und in deiner eigenen Geschwindigkeit in den nächsten ein bis zwei Minuten wieder hierher zurückkehren, frisch und ausgeruht wieder hierher zurückkommen ...

und so wirst du mit dem Öffnen deiner Augen ganz wach ...

Tanzende Gedanken in der Wüste

Die Wüste ist geheimnisvoll. Sie bietet viel Platz für die Fantasie, die sich dort nahezu unendlich ausbreiten kann. Es gibt dort kaum Pflanzen, Häuser, Straßen und Menschen. Durch das Fehlen der sichtbaren Vielfalt bietet sie viel Raum, in dem die Fantasie Neues erschaffen kann.

Wie in den anderen Geschichten auch, wirken die Fantasiegebilde konstruktiv auf die Realität zurück.

Themenvorschläge für das vorausgehende Gespräch: *Kennst du die Wüsten? Was gibt es dort? Was gibt es dort nicht? Würdest du gerne durch eine Wüste reisen? Was müsstest du mitnehmen?*

... und du kannst jetzt für ein paar Minuten deinen Muskeln erlauben, sich zu entspannen, und dich dabei wohl fühlen ...

dein Körper kann sich jetzt ausruhen, und wie immer wandern Gedanken durch deinen Kopf ... die Gedanken sind ganz verschieden groß und wichtig ... sie werden alle von Gefühlen begleitet ...

vielleicht versuchst du, sie einmal zu ordnen, vielleicht nach ihrer Größe, die größten nach links und die anderen, immer kleiner werdend, nach rechts oder umgekehrt ...

vielleicht möchtest du dabei sehr gründlich vorgehen, sie schön in Reih und Glied aufstellen oder eher lässig einfach so hinstellen, dass es eben irgendwie passt ...

du kannst sie ordnen, wie Orgelpfeifen nebeneinander stellen ... und solche Orgelpfeifen haben je nach Größe und Umfang einen eher hohen oder einen eher tiefen Ton ... und in deiner Vorstellung kannst du einmal hineinblasen in diese Orgelpfeifen, spürst an deinen Lippen die Öffnung der Pfeife und das Material, aus dem sie gefertigt ist, vielleicht weiches Holz, oder kühles Metall ... ... kannst den Tönen lauschen ... ... und es muss nicht gleich perfekt funktionieren, erinnere dich mit Hilfe deiner Fantasie an die Töne einer Orgel ...

und vielleicht werden die Töne klarer und reiner in deiner Vorstellung ... und du kannst dich an eine einfache Melodie erinnern, vielleicht an eine aus deiner Kindheit, wie »Alle meine Entchen«, und ich weiß nicht, ob es gut funktioniert ...

und du kannst dich zurücklehnen und loslassen, um vielleicht überrascht festzustellen, dass dieses Instrument, das du geschaffen hast, wie alleine spielen kann, so als würde ein warmer Wind hineinblasen und eine Melodie spielen, die aus der Wüste kommt, Töne, die gespielt werden vom warmen Wüstenwind ...

und die gelben Sandkörner tanzen dazu ihren eigenen Tanz unter einem blauen Himmel, in der flimmernden, heißen Luft ...

und diese Melodie lockt andere Winde herbei, die mitspielen und ihrerseits den Sand zum Tanzen bringen, im Klang der Flöten ...

und so können sich in deiner Fantasie aus dem Sand tanzende Gestalten formen, fröhliche und farbige Gestalten, die sich wiegen, sich drehen, leicht und beweglich, als würde die Musik in sie hineinströmen, ihnen Leben verleihen, sie bewegen, wie der Wind den Sand ...

sie tanzen in bunten Kleidern leicht und weich, die der Wind bewegt, wie leichte Wellen auf einem stillen See ...

es ist ein schönes Bild, zum harmonischen Klang der Flöten ... du kannst es genießen, kannst innerlich mitschwingen, dich vom warmen Wind streicheln lassen, vom Klang der Flöten .... mitschwingen, auch ohne dich zu bewegen und doch sehr beweglich ...

und der warme Wind treibt den Sand über die Wüstenberge hinweg und durch die Täler hindurch ...

und auf freien Flächen verdichten sich die Sandkörner wieder zu farbenfrohen Gestalten, die passend zum Klang der Flöten durch die Luft gleiten, auf den unsichtbaren Wellen der Musik ...

und sie werden wieder zu Sand, der warme Wind nimmt den Sand auf und trägt ihn hinein in ein Dorf, das irgendwo mitten in der Wüste in einer Oase steht, und trägt ihn zwischen den Häusern hindurch zum Wasser hin, vorbei an einem Markt, auf dem saftige Früchte angeboten werden ...

und immer dabei ist die Musik, sie ist unhörbar für die, die wach sind, und sie verzaubert die Träumer ... und den Mittelpunkt der Oase bildet ein kleiner See ... er ist von Palmen umgeben, Grasteppiche wachsen zwischen ihnen, fremde Wiesen, wie sie nur in der Wüste wachsen können ...

und dort lässt der Wind den Sand zu Boden gleiten ... weich gebettet ruhen sich die bunten Gestalten dort aus und erholen sich gründlich, indem sie fast sofort tief eingeschlafen sind, während der Klang der Flöten leiser wird, ihre Ohren sanft streichelt und ihnen schöne Träume schenkt ...

und so schlafen sie tief und fest, einen ruhigen und erholsamen Schlaf, in dem so vieles völlig unbewusst geregelt wird, die Grundlage für Erholung und Kraft und neue Ideen ...

und gegen Morgen, wenn die ersten Stimmen der erwachenden Menschen zu hören sind, die zum Wasser kommen, vielleicht auch ein Schwätzchen mit dem Nachbarn halten, sind weiße Wolken am Himmel zu sehen ... ein starker Wind ordnet sie immer wieder neu und beginnt, die Flöte wieder zu blasen, schnell lauter werdend ...

sanft nimmt er den Sand und die schlafenden Gestalten in seine kräftigen Hände und trägt sie schnell hinauf in den Himmel ... ein neuer Tanz beginnt bunt und leicht ...

und der warme Wind trägt sie zurück, die Sandkörner, manche dorthin, wo sie herkamen, legt sie dort nieder, vielleicht begleitet von einem erfrischenden Regen, der den Geruch der Erde vom Boden löst, so dass der Wind ihn mitnehmen kann, zu den Nasen der Menschen ...

und so bewegt der Klang der Flöten die Glieder, und der Geruch des heißen Wüstensandes verzaubert die Nasen ... die Augen erfreuen sich am satten Blau des Wüstenhimmels und an den bunten Farben der tanzenden Gestalten ...

und du kannst es in den nächsten drei Minuten noch einmal ausführlich genießen ... ... um danach erholt und erfrischt in deiner eigenen Geschwindigkeit wieder hierher zurückzukommen ...

Literatur

Einem großen Teil der Geschichten liegen Texte für erwachsene ZuhörerInnen und LeserInnen zugrunde, die in meinen unten genannten Büchern zu finden sind. Die dort veröffentlichten Geschichten sind an das erwachsene Denken angepasst und mussten deshalb auf die kindliche Wahrnehmungswelt bezogen werden.

Wilk, D. (1999): Innehalten und Verweilen – Geschichten, die Veränderungen ermöglichen. Bad Krozingen (Juni Verlag).

Wilk, D. (2005): Auf den Schultern des Windes schaukeln. Heidelberg (Carl-Auer).

Zum Verständnis der Hypnotherapie nach Milton H. Erickson sind beispielsweise diese Bücher hilfreich:

Grinder, J. u. R. Bandler (1981): Therapie in Trance. Stuttgart (Klett-Cotta).

O'Hanlon, W. H. (1995): Eckpfeiler. Salzhausen (Iskopress), 2. Aufl.

Revenstorf, D. u. P. Burkhard (Hrsg.) (2001): Hypnose in Psychotherapie, Psychosomatik und Medizin. Berlin (Springer-Verlag).

Rosen, S. (Hrsg.) (1996): Die Lehrgeschichten von Milton H. Erickson. Salzhausen (Iskopress), 4. Aufl.

Bücher zum Autogenen Training:

Hoffmann, B. (1997): Handbuch Autogenes Training. München (dtv), 12. Aufl.

Wilk, D. (2000): So einfach ist Autogenes Training. Stuttgart (Trias).

Wilk, D. (2004): Autogenes Training – Ruhe und Gelassenheit lernen. Bern (Hans Huber), 3. Aufl.

CDs mit Geschichten aus den Büchern des Autors:

Wilk, D. (2000): So einfach ist Autogenes Training [CD]. Stuttgart (Trias).

Wilk, D. (2002): Endlich Schmerzen wirksam lösen [CD]. Stuttgart (Trias).

Über den Autor

Daniel Wilk, Diplom-Psychologe, 1989 Zertifikat in Klinischer Hypnose (M.E.G.), seit 1991 abgeschlossene Zusatzausbildung in Gesprächspsychotherapie (GWG). Von 1985 bis 2002 in der Rehabilitationsklinik Sinnighofen angestellt, seither in der Schwarzwaldklinik Orthopädie. Dort psychotherapeutisch in Einzelgesprächen und in Gruppen tätig. 18 Jahre Vermittlung des Autogenen Trainings und tieferer Entspannungen sowie Vorträge zur Entspannung und zum Stressmanagement in Volkshochschulen, in Betrieben und für LehrerInnen. Fortbildung von KollegInnen in Autogenem Training und in Hypnose in der Fachgruppe Entspannungsverfahren (BDP). Autor mehrerer Bücher, darunter *Auf den Schultern des Windes schaukeln* (2. Aufl., 2007).